電子図書館・
電子書籍貸出サービス
調査報告

2015

編●
植村八潮／野口武悟／電子出版制作・流通協議会

ポット出版

まえがき

本書は、電子出版制作・流通協議会（以下、電流協）が行っている「公共図書館の電子図書館・電子書籍サービス等のアンケート」をもとに、公共図書館における電子書籍貸出サービスについて、現状と課題、将来展望を取り上げたものである。
電流協では、電子図書館部会（部会長 山崎榮三郎）を中心にアンケート調査を2013年から実施しており、2015年4～5月に実施した調査で3回目となる。本書で扱うのは、この3回目の調査結果である。公共図書館の電子図書館サービスについては、公共図書館の基本調査として知られている文部科学省『社会教育調査』や、日本図書館協会『日本の図書館』においても調査は行われていない。このような中で、第1回となる2013年には、公共図書館360館を対象に、主に「公共図書館での電子書籍サービス」についての検討状況を中心に調査を実施し、折からの電子書籍ブームもあって注目されることとなった。2014年には、全国の自治体が設置するすべての中央館1,352館に調査対象館を拡大し、「電子図書館サービス」及び「電子書籍サービス」について調査を実施した。
2回目となる2014年のアンケート調査の報告に加えて、図書館基幹システムの現状、国立国会図書館、公共図書館、大学図書館における電子書籍貸出サービスの事例紹介、さらにサービスベンダー各社のシステムとサービスの現状を書き下ろし、昨年、『電子書図書館・電子書籍貸出サービス 調査報告2014』を刊行した。お陰さまで、電子書籍貸出サービスの導入を検討する図書館や出版業界、電子出版関係者だけでなく、広く図書館と電子書籍に興味と関心を持つ読者の間で、好評を持って迎えられた。
本書は、昨年の書名を引き継いでおり、その点では年鑑・白書としての役割も期待されるところであるが、次のように内容は一新されたものである。本書の構成は、電子図書館をめぐる話題を取り上げた前半と、2015年のアンケート調査結果の詳細について報告した後半に大きく分けることができる。
電子図書館をめぐる話題については、この一年間で浮かび上がってきた課題や問題点を中心に取り上げた。具体的な内容として、長年にわたり日本と米国の出版実務に携わり、出版ビジネスと電子書籍の現状に明るい吉井氏が、日本型電子図書館サービスのあり方について考察した。また、図書館関係者は、電子書籍を印刷書籍の枠組みでとらえ、あるいはその延長上で理解しがちである。実際には印刷物と電子データという形式自体が異なっているため、それを支える技術の相違に加え、法的根拠が大きく異なっていることを忘れがちである。そこで「電子書籍を図書館で貸し出す法的根拠」について、インタビュー形式で村瀬弁護士に聞いた。
さらに、第1回のアンケートを行ったときに注目されたこととして、図書館では電子書籍に対してアクセシビリティ機能に高い期待を寄せていることがある。そこで編者の一人である野口が「電子書籍サービスのアクセシビリティ機能」について解説した。最後に昨年版が刊行された時点ではサービスを開始していないものの、一昨年の設立発表当初から動向が注目されていた「日本電子図書館サービス（JDLS）」によるサービス紹介がある。

このアンケート調査の背景には、言うまでもなく2010年に始まる電子書籍ブームがある。日本は携帯電話向けのコミック配信の市場が早くから立ち上がったこともあって、2010年で600億円を超える市場に成長していた。しかし、2010年以降タブレット端末やスマートフォンの急速な普及によって、携帯向け電子書籍市場は縮小し、一方、文芸書を中心とした一般書の電子書籍が注目されることとなった。2014年度の電子書籍市場は1,266億円で、デジタル雑誌をあわせると1,411億円まで成長した（インプレス総合研究所調査）。図書館利用者の間でも、公共図書館の電子書籍貸出サービスに対して強い関心が寄せられるのは当然のことである。

なお、今でも電子書籍市場の多くを占めるのが、コミックの配信である。出版市場の統計調査では、コミック（マンガ）の売り上げは、マンガ雑誌とコミックス（単行本）からなり、多くの出版社はそのどちらも雑誌の売り上げに含んでいる。書籍の形をしたコミックスが出版市場では雑誌として扱われていることは、あまり知られていない。つまり、紙の出版物では、流通上、書籍（図書）と雑誌（逐次刊行物）に分け、後者にコミック雑誌もコミックスも含んでいるのである。一方、電子書籍市場では、コミックのすべてを含んだ上に、最近ではデジタル雑誌なども電子書籍としてとらえていることが多い。確かに文字を中心とした電子書籍も、画像によるマンガも、写真が多用されたデジタル雑誌も、そのすべてをタブレット端末上で同じビューワーによって読んでいる以上、それらを区分けすること自体が意味を失っている。「電子書籍」普及の過渡期だけに、新メディアに対する認識が出版業界と図書館界、読者の間でずれを内包したまま発展しているといえよう。

このような発展期において、アンケート調査で新しいメディア用語を使う際に、質問の意図が十分伝わらない懸念もある。そこで本書の巻末に掲載した用語解説をアンケート調査の際に同封している。本書で、一般に使われる「電子図書館」という用語に加え、より限定的に「電子書籍貸出サービス」という用語を使っているのは、編集委員会の議論の結果でもある。また、外部事業者提供による図書館が行うサービスを、現状の電子書籍サービスと、いったん分けてとらえるために「電子書籍貸出サービス」としてある。

【電子図書館サービス】
公共図書館が提供するサービスとして、デジタルアーカイブの提供や電子書籍や映像資料・音声資料など電子コンテンツの提供、インターネット利用の提供、またデータベースを使った文献検索などのサービスの総称。

【電子書籍サービス】
「電子書籍」を提供する電子図書館サービスの一つ。外部事業者提供の電子書籍サービスと自館電子書籍サービスがある。本アンケートでは前者の外部事業者提供の電子書籍サービスを「電子書籍貸出サービス」という。

出版・電子書籍関係者にとって、電子書籍市場はすでに成立し、さまざまなビジネスモデルが試みられている。今や、図書館の中に電子書籍サービスがあるのではなく、電子書籍サービスとしてすでに定着した概念の中に、図書館での利用があるといえよう。今のように電子書籍利用の普及率が低い図書館界で、電子書籍サービスを取り入れるということは、従来型の図書館資料の貸出サービスの延長上でとらえることではなく、先行する電子書籍サービスの枠組みでとらえる必要がある。図書館関係者は、この点に自覚的ではない。

一般には「電子書籍サービス」といった場合、電子書籍を購入するなどの有料サービスを意味している。一方、「無料貸出原則」のある公共図書館において電子書籍を導入するメリットの一つに、「非来館による24時間の利用（貸出・返却）」がある。利用者から見れば図書館に行かなくても電子書籍が閲覧できることになる。しかし、公共図書館における「非来館型電子書籍サービス」（たとえば自宅での閲覧）がほとんど実現されていない間に、民間業者により、同様なサービスが始まっている。最近では「アマゾンアンリミテッド」とよばれる、定額会員制（サブスクリプションモデル）による電子書籍読み放題サービスも利用が広がっている。また、JDLSは自社の電子図書館サービスを直接、一般利用者に有料提供することも計画にあるという。これらは民間による「有料電子図書館サービス」としてとらえることができる。

電子書籍は所有しないことからアクセス権の購入であり、それが期限付きであれば、レンタルサービスの一形態ともみなすこともできる。つまり貸本屋やレンタルショップビジネスの延長上に、電子図書館を位置づけることもできる。電子書籍を借りるのが、無料か有料かの違いはあるものの、電子書籍の販売と、図書館での電子書籍貸出との境は曖昧になり、ボーダーレス化していくことが考えられる。このような仮説も含め、方向性が定まるには、もう少し時間と議論が必要だろう。

3回目になるアンケート調査を行って、むしろアンケート調査の限界に気づいたところもある。一方、継続することで、精度の高い統計データとしていきたいとも考えている。図書館における「電子書籍貸出サービス」については、用語概念の共有化、共通化、根拠に基づくデータによる議論を今後とも進めていく必要がある。本書の企画意図は、まさに、そのためのデータの提供と課題の整理である。本書が、読者に少しでも役に立ち、電子書籍貸出サービスの普及にわずかでも貢献できるならば、編者らにとって望外の喜びである。

2015年10月　編者を代表して

植村八潮

1

第１章

電子図書館をめぐる今日の状況

電子図書館システムを図書館が導入する場合の最も大きな問題のひとつは、貸出できるタイトルが少ないことだ。それは、出版社がタイトルの供給を本格的にはじめていないからでもある。
第１章では、その背景にある著作権者と出版社の関係を考えてみた。日米の出版形態の違いから見える課題、著作権法の上での権利問題、また出版社が提供に向かいやすくする「条件」を提案したJDLSの取り組みを報告する。
さらに、アクセシビリティの視点から、電子図書館へのタイトル提供の意味を提起した。

1.1 日米の出版実務の違いから考える電子書籍・電子図書館の課題

吉井順一● IDPF 理事／講談社

デジタルを道具として活用し、これまで読書に縁遠かった人々への新規開拓や、既存市場拡大のために、電子書籍をどう使うか。そのための参考事例、先行事例として、欧米（北米が正確かもしれない）と日本の状況とが比べられることが多い。その際に気をつけておかないといけないのは、同じ著者、出版社、図書館という言葉でくくられていても、実態には結構な違いがあることだ。どちらが良いとか悪いとかではなく、まず事実として、この点を本章では押さえておきたい。本稿では主に北米と比較してみた。

1.1.1 日米の出版社のあり方の違い

●出版社・編集者のポジション

同じ出版業でも、北米には日本のように書籍も、雑誌も、コミックも出版するという出版社は存在しない。国際的なメディア・コングロマリットがいくつか存在するが、企業としてはそれぞれ書籍出版社、雑誌社、新聞社、テレビ局と、メディア別に独立しているのが一般的である。また大手出版社のなかにはジャンルによって、インプリントという名前で、事業部よりは独立した企業に近い位置づけの出版ブランドを複数持つところが多い。例えばドイツのベルテルスマンと英蘭のピアソンを親会社にもつ米国大手出版社ペンギン・ランダムハウスは、純文学や硬派のノンフィクションを扱うクノッフ、一般向けの小説が主体のバンタム、ダブルデイ、デル・レイなど、いくつかのブランドを持ち、それぞれが編集企画の独立性を保持しながら、出版活動を行っている。乱暴に例えれば、コーポレートとカンパニーの関係に近いのかもしれない。ちなみにベルテルスマン・グループでは、雑誌ビジネスはグルーナー・ウント・ヤール社が行っている。

過去20年〜30年にわたり、北米の書籍出版界で徐々に寡占が進んだのは、高騰するアドバンス交渉で有利なポジションを占めるため、あるいは創立メンバーの引退やM&Aの進行などが理由として考えられる。昨今のデジタル技術を活用した自主出版の普及で、だいぶ状況は変わったとも言われるが、北米のトレードブックの世界では、上位5社で売上シェアの6割程を占めている。日本では売上上位20社でも占有率は4分の1程度だろうか。人口1億2千万人の日本に出版社は3千社強あるともいわれる。対して人口で約2倍のアメリカでは、定期的に新刊を出している出版社は、数百にも及ばないと思われる。単純計算すれば、一社当たりの売上金額も日本の方が小さく、結果として、あるいは文化として、日本では、一人の編集者が企画、校閲、製作、販売と、さまざまな役割を経験することが、大手出版社も含めて、一般的なのではないだろうか。

いっぽう北米の大手出版社では、編集者が営業を経験し、管理部門を経て、また編集現場に戻るという事例はあまりない。編集、営業の交流はもちろんあるが、キャリアとしてはマーケティングならマーケティング、製作なら製作の専門家として、キャリアアップのために同一業種内を移っていく方が一般的だろう。エディターという職能でも、何種類かに別れ、どの職能が何をするのかが‘ジョブ・ディスクリプション’（職務章程）として厳格に定められている。その職能につくのに必要な‘ジョブ・クライテリア’（能力・経験）が、はっきりと要求される。報酬はそれらに基づき基本給プラス成果給が、契約で決められている。だから採用もピンポイントとなり、毎年のように新人が配属されて、先輩のやっていることを見ながら育つというようなケースはもうほとんどない。ライン・エディターは原稿内容のチェックしかしてはいけないし、アシスタン

図表1　アメリカの出版形態の例

●書籍出版社

ペンギン・ランダムハウス
インプリント
・クノップ
・バンタム
・ダブルデイ
・デル・レイ
……

ハーパーコリンズ
インプリント
・エイボン
・ハーパービジネス
・アミスタッド
……

サイモン&シュスター
インプリント
・ギャラリーブックス
・ハワードブックス
・スクリブナー
……

ホートン・ミフリン・ハーコート
インプリント
・クラリオン
・HMHブックス for young readers
……

⋮

●コミック出版社

マーベル・コミックス

ダークホースコミックス

DCコミックス

⋮

●雑誌出版社

タイム社

ハーストマガジンズ

コンデナスト

⋮

※米の大手出版社の多くはインプリントと呼ばれるブランドを持ち、小説・ノンフィクションといった分野ごとに特徴が分かれる。
一方、日本の大手出版社は、書籍においてもほぼすべての分野を網羅し、雑誌もコミックも発行する。

ト・エディターは原稿の吟味はできず、ボスのサポート、事務処理など、文字通りアシスタントの役割しか与えられない。社内で昇進できなければ、他社のエディター採用でキャリアアップを目指す。

また同じエディター／編集者と呼ばれていても、北米では通常、編集者が著者と企画内容や次回作のテーマの相談をして、原稿を推敲して作品の質をアップしていく、という関係はない。北米では原稿を直接、出版社に送っても、まず誰にも読まれずに終わる。ある出版社には「墓場」と呼ばれる部屋があり、原稿は開封すらされず、無造作に積み上げられていく。

それでは編集者はどうやって作品を世に出すのか。たいていは編集経験がある、エージェントという作家の代理人を窓口に、作品を仕入れるのだ。原稿はエージェントを通してしか流通しない。才能の発掘も、売り込みも、エージェントがする。内容もエージェントがブラッシュアップの手伝いをする。このエージェントと接触できる編集者はアクイジション・エディターと呼ばれ、価格交渉をマーケティング部門と折衝しながら行う。ある出版社の‘ジョブ・ディスクリプション’には、アシスタント・エディターはエージェントと電話、メールなど、いかなる方法でも接触をしてはならないとか、アクイジション・エディターもアドバンスが幾らまでならOK、それ以上は社内の誰と協議して決める、幾らを越えれば役員決済などと細かく定めているところもある。どんな作家が何を書いているか、どこが興味をしめしているか、そんな著者やエージェントの情報を専門に扱う「スカウト」と呼ばれる職種も存在する。70年代、80年代までは、ディナーを食べ、その後バーで呑みながらといった編集・著者の付き合いもあったようだが、今ではメールで、昼間のうちにビジネスが粛々と進められていく。もちろんすべてではないけれど。

●作品にまつわる権利と義務の日米差

北米では、作品の目利き役としてのエージェントは、有能な作家の発掘に注力する。有能、の定義はエージェントによって多少の違いはあるだろうが、やはり「金の卵」を産む才能を持っているかが鍵になる。これと見込んだ書き手を育て、ベストセラー作家をデビューさせれば、エージェントにも多額のコミッションが転がり込む。エージェントと作家の分配率は、あくまで個別の力関係で決まるが、お互いがプロとして認めあう関係ならば、50/50が基本となるようだ。とはいえ、新人か実績のある作者か、ノンフィクションや伝記なら書き手の知名度など、条件はある程度、変動する。しかし作品ごとに出版社が違うということはなく、多年度の包括契約が一般的だ。

個人で活動するエージェントもいるが、弁護士事務所のようにパートナーが集まって活動する形のエージェント事務所もある。独立してはいるけれど、交渉力や間接経費を集約するため、事務所にしたほうが有利であるということなのだろう。もちろん出版社にも作家サイドにも、法務の専門家によるサポートは不可欠だ。

いっぽう日本の場合、特に文芸作品であれば、米国のようにドライでシステマティックに進むものは少ないだろう。これは法務や管理に手間暇＝コストをかけずに、それほど大きな問題も起きずに済んでいたという事実なのだから、遅れているとか進んでいるとかの問題ではない。あくまで彼我に違いがあるという認識をしていただければいい。

おそらく日本でいちばん古くから、なんらかの契約が著者との間に成立してきたジャンルはマンガだろう。マンガ週刊誌の創刊が相次いだ時期には、専属契約料のようなシステムも存在していた。またキャラクター化や映像化などの二次利用や三次利用といった関連事業領域が広く、海外でのビジネスもそれなりに見込めるという理由もあったからだろう。それ以外のいわゆる文芸書や学芸書では、書面による契約は、あまり必要とはされなかった。口頭でも契約は契約であるし、権利と義務が裏腹であるという点を曖昧にしておくことが、日本の習慣には馴染む部分が多かったのだろう。例えばある作家のある作品が、単行本から文庫になる場合に、出版社が変わるケースがある。あるいはある会社の文庫でしばらく品切れ重版未定となっていたものが、別の会社の文庫で「今月の新刊」となって配本される。日本は出版社（同士）と著者がお互いに、それを特に問題視する必要もなく、生態系を維持してきたのである。

日米を比べた場合、もうひとつの大きな違いが、再販制の有無と委託販売にあるのはよく知られている。日本の書籍では再販売価格維持制度が認められており、価格決定は出版社が行う。価格は「定価」であり、出版社による書店など小売店での価格拘束が行われる。対して北米では、書店・量販店が仕入交渉の結果で最終販売価格を決定する。目玉商品とするなら、薄利でも仕入価格以下とすることも、販売当事者の自由裁量の範囲内である。売れ残った商品の扱いも、日本では返品条件付き委託販売が常識であるから仕入リスクは書店にはないが、欧米では違う。いったんプロの目利きが仕入れたものだから、もし需要を読み間違えて売れ残ったら、商品の返品はできないのが原則だ（ただし一定部数や割合までの返品は受ける契約もある）。売れ残りはディスカウント価格となり、最終的には廃棄処分される。雑誌スタンドルートで扱われるペーパーバックスなどは、返品条件が緩いようだが、これはまた別に契約で詳細が決められている。

この制度を前提にして、日本では、印刷した部数と定価に対して一定の割合で著者に印税が支払われる。いわゆる製造印税と呼ばれるものだ。対して北米はリストプライスといわれる表示価格があるものの、小説や伝記、SFなど、一般に新刊であれば、カタログに載ったリストプライス通りの価格で販売されることはまずない。一定期間は値引販売が一般的であり、前述のように販売店が価格を決定する。そのため、出版社から著者への支払いは、想定実売部数をベースに、事前に幾らと決めて（＝アドバンス）支払われる場合がほとんどとなる。その権利の譲渡内容も、販売地域は英米豪など英語圏だけの許諾なのか、各国語の出版も含めた世界版権を得られるのか、ハードカバー、トレードペーパー（ソフトカバー）、ペーパーバックすべての判型をカバーするのか、オーディオブックはどうなのか。電子版は、期間は。ブッククラブなど一般市場以外に出す権利は含まれるのか、含まれるのは作家の全作品なのか、個別タイトルなのか。キャラクター商品化の権利は、映像化の権利は、貸出は……。それらの全てだったり、一部だったりを著者から譲渡されて、初めて出版社は作品を世に出す準備を始める。

契約とは権利と義務、裏表の組み合わせだ。出版社の義務だけではなく、著者側に発生する義務もある。未完成の作品であれば、いつまでに作品を完成させるか。今後何年の間に、契約先に何作品を提供するか。作品の販売促進のために、どこまで協力をするか。作品を商品化し、その商品から得られる対価を最大化するために、大げさに言えば、人知の及ぶ限りの事態を想定し、それぞれに条件を設定し、関係者の利益を最大にするべく、忠実に努力をすることに、関係者すべてが同意しているのだ。ここで注目していただきたいのは、北米では通常、作品は契約以前に完成しており、そこから商品化戦略が検討され、ビジネスとしてのスケジュール管理が始まるのが一般的だということである。原稿が出来上がってから内容に手を入れ、造本設計をし、印刷発注、流通、と流れていく日本とは、スタートから違いがある。

●製版・印刷・製本のワークフローで起きる大きな違い

北米では原稿は受領した段階で既にワープロソフトなりでデジタルデータ化されている。しかも時期的には発売の通常約半年前には、出版社に渡される。このテキストは当然、電子版にも使用できる。日本では編集者と作家が原稿の完成度を上げるのと並行して、紙はどうする、判型をどうする、装丁をどうする、帯をどうする、といった造本設計が進められ、単線ではなく、複線で作業が行きつ戻りつしながら進行していく。北米では突発事件に関する緊急出版がないわけではないが、ある種の見切り発車で、企画が進行することは、まずありえない。

また日本ではDTPが普及するまで、あまり意識されてこなかったのだが、デジタルデータの所有権は誰のものかが、きわめて曖昧だった。むろん著作権は著者のものだが、紙の複製（最終成果物）を作るために出来上がる、紙型や組版データといった中間生成物の所有権が、誰に属するものか、ということだ。対価を払い製作、調達を発注する出版社に権利があると考えがちだが、特段の定めがない限り、日本においては印刷・製版会社の所有物であると、すでに平成13年、東京地裁の判例で、権利の帰属が確定している。もちろん著者の許諾なく印刷会社がデータを使ってビジネスができるわけではない。しかし所有権が及ばないのであるから、重版がかからない作品について、期間を定めずデータの保存をする義務は、法的には印刷会社・製版会社にはない。つまり長期間にわたって重版がかからないのであればフィルムを捨てられても、データを消去されても、出版社から文句は言えないのだ。もちろん、そんなことがあれば次の受注はないだろう。しかし製版・印刷会社が倒産した場合はどうだろう。これが日本の電子書籍の立ち上がりを遅らせた、大きな理由と言っていいだろう。

電子書籍は、単純なテキストを準備すればできるものではない。データの変換やチェックに確実にコストはかかり、それを回収する売り上げがあるかどうかが判らない。ビジネスとして、誰がリスクをとってリターンを得るのかもわからず、企業規模の小さな出版社が、印刷会社や組版会社からテキストを回収し、縦書きやルビなどの表示もできるように電子機器やソフトに合わせて整形をするのは、あまりにハードルが高いという、ビジネス面できわめて常識的な判断がされたのである。

その点で北米の出版社はさらにシビアに計算と契約を行う。必ずしも組版を内製化する傾向が強いというわけではなく、外注も行われていた。ただ電子版の出現以前から、校閲作業やバージョン管理の手間なども含めて総合的に考えると、XMLやXHTMLベースでテキストを中心にした製作を進め、紙にする場合はそれを組版ソフトなどに流し込み、同時に電子配信用の変換も行い、なんらかのデータ管理を行う出版社が増えてきた。これは進捗の管理を可視化する目的にもかなっていた。アルファベット26文字だから簡単だったという見方も、もちろん可能ではあるのだが、システム全体、権利のパイプライン全体を管理するのにデジタル化の工程が役立つと、考えられてきた面に注目したい。資産である契約書やデータの保全には一定のコストがかかるなら、それを忌避するのではなく、積極的に競争力に結び付ける道具にしようと、考えられてきたのだ。全体のコストのなかで、固定費であるデータ制作費とアドバンス、変動費である紙代、印刷代、製本代、倉庫代をどういったバランスにし、どこが削れるか。北米では利益に直結する製造・調達部門の発言力（＝責任）が、日本と比べて高いように思われる。電子も含めたマルチフォーマットで、いかに利益を最大化するか、そしてその利益を著作権者にどう返していくか。重版のタイミングも、単品・シリーズ、どれほど細かく管理するかも含めて、売り逃しのないような製造タイミングと部数を読むインベントリー・マネージメント能力、編集、販売促進、製造・調達の各部門の総合力がなければ、よい作品の仕入もできず、新刊時の販促費がかからず、リストプライスに近い価格で長期的に利益をもたらすロングセラーも育てられない。

もうひとつ北米で起きている大きなうねりが、極論すれば「在庫ゼロ」へ向かう、製造とインベントリーの融合だ。もともと教育・専門書を主にしたシュプリンガーやエルゼビールなどでは3～4年くらい前から、データだけを管理する「初版ゼロ」体制にして、商品は発注があってから製造するという姿勢を鮮明にしてきていた。その流れが今年になって、一般書の出版社へも広がり、ペンギン・ランダムハウス、ハーパーコリンズ、マグローヒルなどの出版社が、米国、カナダの倉庫の完全閉鎖や、統合・集中を発表している。これらの大手は独立系出版社の在庫管理も、サードパーティーサービスで提供しているので、注目すべき動きだろう。オフセットでもショートランでもオンデマンドでも、最適解を探して利益の最大化を目指す。利益がなければ「志」も実現できないというわけだ。あるいは自立のためには、フェアなサービスであれば、競合であっても利用するという態度が一般的なのだ。他業種の例だが、例えばチーズの在庫管理はクラフト社がほぼ独占、煙草はRJRレイノルズが独占していたりする。もちろん受注側はどの顧客に対しても、優先的地位の乱用や、サービス内容の差別といわれないよう信任されて業務を行っている。

一方これまで日本では、アナログ時代の紙型や刷版作成用フィルムにならって、データは、受注側の負担で保存されてきた。印刷大手は下請け、孫受けに出していたから、テキストデータが正直、どこにあるのかが分からないことすらあったようだ。またデータは自分のものだと主張して、校閲済みテキストを回収する著作者もいた。契約・法律があっても、結局は商売上の力関係が優先するわけで、日本ではケースバイケース、なるべく争いのない形で、このあたりは穏便に処理されてきた。

しかし組版、印刷、折り、製本など細かい垂直分業で成立してきた日本の書籍出版は、業界全体が芳しくない以上、廃業や清算など、生産能力の調整が静かに進んでいる。現実に糸かがりの上製本や箔押しなど、規格化が進みにくい分野では、発注があっても、下手をすると指定納期に間に合わない事態もおこる。またアナログ工程の古い作品で重版がかかると、既に材料自体が市場から払底していることもあり、指定単価での受注では逆ザヤとなるケースが出ている。ここ10年ほどで見ると、創立30年以上、あるいは60年以上、つまり創業者の孫子の代になったとみられる中堅企業で店仕舞いが進んでいる。枚葉機での印刷の手配はできたが折の手配がつかないので輪転を使うなど、業界全体での生産能力は逼迫している。製本事業所数の減少は一息ついた感があるが、いまは写植の衰退と併せて製版会社の事業所数が減少してきている。これまでは発注先を選ぶ立場だったが、この先はわからない。その情勢変化を理解しない出版社もある。北米では工芸品レベルの美術本などは別にして、紙や判型の標準化なども進み、また組版もペーパーバックであれば、それほど特殊な要求がないため、後継者不足や事業所不足が騒がれる状況にはない。

北米では、まず見本（ファースト・リーディング・プルーフ）が作られ、販促活動が先行する。いくらかの修正はあるものの、発売までのスケジュールが厳しく定められ、一連の作業が分担して進められていく。
製造面での規格化、標準化が進んでいるため、どこの印刷会社でなければならないといった制約は緩い。特殊印刷や面倒な要求があまりなければ、営業のサービスがいいから印刷会社が選ばれるわけではない。製品の品質はもちろん配慮されるが、同時にコストダウンも重視されるので、オーバースペックにならず、あらかじめ組んだスケジュールに沿って、指定の日付に納品できる能力があれば発注先にこだわりは薄い。発注先が代替可能であれば価格交渉もしやすい。それゆえ調達部門はその都度、最適な印刷会社を選んで業務を進める、ミニマムギャランティーで更なるコストダウン交渉をすることもある。一般的にPPB（Paper, Print, Binding）はリストプライスの10%程度だと考えられる。
逆に言えばスケジュール管理ができない限り、販売促進もできず、部数も決まらず、製造はできず、書籍が読者に届くことはない。

日本では一部の出版社の一部の編集部を除けば、原稿の手直しなど著者との打ち合わせを行い、ページあたり何字詰めの何行で全体に何ページ、見出しはこの書体で、本文組はあの書体と細部を詰めながら、本文用紙は何で、表紙は誰に依頼するか、判型は四六か菊判か、上製か並製か、帯をどうするか、奥付をどうするか、など造本のシュミレーションも並行して進める。当然、あれこれと連絡や依頼の手直し、修正が発生する。途中で刊行スケジュールの見直しも発生するが、予約販売でもない限り、ある程度の遅れや変更は印刷会社、製本会社も含めて「織り込み」されている。よほどのことでもない限りは、追加料金や特急料金は請求されない。受注側のブラックボックス化した「隠し財産」のなかで処理ができれば、見積との差は問題にはならない（＝できない）。

●プロダクト・アウトとマーケット・イン

ある作品が出版されることが決定し、製造が完了したとする。日本では再販・委託販売制度があるので、配本部数については市場にはこれぐらいの需要があるのではないかという、志というか、プロダクトアウトの考え方の出版社側と、書店の実情を考慮する取次との交渉で配本部数が決まり、これと在庫しておく部数を合わせて製造部数が決まるケースが主流となる。製造数の何割を配本し、何割を在庫で保有するかも、ジャンルや作家の過去の実績、類書の数値を参考に決められる。価格も経験則が幅を利かす。極端な言い方をすれば、書店の店頭がマーケティングの場に近い。新刊の内容については統一された情報提供はなく、出版社から、取次経由、もしくは書店に直接、個別に提供される。書店はその情報をもとにして、新刊をどこに置き、どんな陳列をするかを決めなくてはならないのだが、返品条件付き委託販売であり、どんな内容の書籍なのかといった商品情報が乏しくても、その点では販売店のリスクは少ないから可能な商流といえるのかもしれない。

これに反して北米では、良くも悪くも、大手量販店（書店とは限らない）の購入力が大きく、仕入れ料率も一定ではなく、一人の作家の作品は、たいてい同じ出版社から独占的に出版されるため、特に出版社が力を入れるベストセラー狙いの作家のタイトルであれば、大手量販店の入り口に近いスペースは対価を支払って押さえることになる。陳列するための特性ボックスを置くのも、POPを張るのも、平積みをするのにも、幾らという値段がつくことがある。納品の際も束ねる冊数を指定してくる販売店チェーンがある。指定の冊数で納品できない出版社の作品は仕入れない、といった極端なケースもある。

だから春、夏、クリスマス、本が売れるシーズンの約1年から半年前までに、各出版社の編集部門は販売部門に対し、出版予定のタイトルごとに内容を紹介（たいていは見本版を配る）し、宣伝・販売促進計画などの情報を提供する会議を行う。想定される読者は男性か女性か、シニアか若者か学童か。都市住民向けか郊外住民向けか。そうした販売チャネルごとに積み上げた数字をもとに初版の製造部数が決まる。マーケティング担当は販売部門の意見もフィードバックし、時にはタイトル名やデザインも変更する。宣伝の工夫や書評へのプッシュもマーケティングの職務だ。ある出版社のデザイナーの職務章程は「想定される対象読者が、店頭でその本に目を留め、本を手に取って、ページをめくらせることまで」と規定されていた。

1.1.2 米公共図書館における電子書籍の導入状況

日本の公共図書館は主に紙の書籍や雑誌を地域の利用者に提供してきたが、北米の場合は読書に限らず、音楽、映像、ゲームといったコンテンツの区別をせずに、利用者からの要求になるべく応えることを基本にしている。極論をすれば読書の場という感じではなくて、複合アミューズメント施設という性格を持っている。だから利用者の「顧客満足度」を競う風潮もある。議会図書館や州立、大学の図書館などが知の集積や保存といったミッションを掲げるのに対し、楽しんでもらえること、利用者に支持されることを優先する図書館が多い。これは、日本と比べて税金の使われ方に特に敏感な納税者の意識を、町や郡といった地方公共団体が優先的に吸い上げざるを得ない、制度的・歴史的な感覚の違いと言えるだろう。米国人はポケットで考えるという、やや彼らを揶揄したような言い方があるが、良書を選書して提供しようという日本の図書館とは、結構な違いだと感じられる。
また運営費も、税金だけではなく、寄付をあてにする部分もあるので、勢い住民への良質なサービスを提供するという意識につながるのだろう。

英国では「公貸権」的な考え方があり、基本的に公共図書館の利用者は無料であるが、著作者の保護の観点から、著者へは貸出しに応じて政府が支払いを行っている。日本ではいわゆる書籍・雑誌の貸出しに対し、著作権改正で「貸与権」が認められ、民間から民間への支払いという形で利用者から著者への資金還流が認められた。図書館法第17条では入館料その他図書館資料の利用に対しては対価を取ってはいけないことと定められているが、改正著作権のなかの二号出版権を字義通りに解釈すれば、電子書籍は複製物の販売・譲渡ではなく、公衆送信権の利用となり、支分権が消尽されず残るので、貸出しを行うためには著作権者による許諾が必要となるものと考えられる。

●北米図書館への電子書籍の提供状況

図書館に電子書籍を提供しているのは

1）アグリゲーター（OverDrive, EBSCO, ProQuest; EBL, ebrary, My library など）
2）出版社（Oxford University Press などが主催するリストへ専門出版社が提供）
3）ホールセラー（Baker & Taylor などが専門、独立出版社のタイトルを提供）
4）コンソーシアム（複数図書館の組合が仕入れる）

などがある。
それぞれの提供者によって扱うタイトルや提供する条件、閲覧の環境などが異なるため、通常は複数の提供業者と契約を結んで、図書館は電子書籍や、データベース・サービスを提供することになる。最大のシェアを持つのがOverDrive社で、全米で電子書籍サービスを提供している図書館のうち、約95%が契約をしているが、これは同社のシステムが優れているという理由よりも、社長が過去20年以上、出版社と電子書籍の標準化を進めてきた際に作り上げた人脈（仕入面）と、トレーラーにミニ電子図書館システムを積み込んで、全米を回って利便性を売り込んだ（販売）努力の結晶という側面が強い。

●様々な図書館用サービスを並行して導入

米国の図書館は、財政的にも全てのフォーマット、端末、出版社、権利を取り扱えないため、たいていは複数社との契約となるが、OverDriveが優位にあるのは、これらの複雑な権利処理を、図書館向けにブラウザーベースで行える（＝ネット接続があれば、新たに大規模なシステム投資が不要だし、将来的なシステム変更コストが不要）総合的なサービスを提供しているからだろう。

図表2　米大手出版社別電子書籍の図書館利用条件

出版社	提供範囲	期限	貸出回数制限	価格（あくまで目安）
ランダムハウス	電子書籍全て オーディオブック	なし	なし	ハードカバー（リストプライス）の2～3倍
ハーパーコリンズ	〃	1年	26回	ハードカバー（リストプライス）より低めが多い
マクミラン	〃	2年	52回	刊行1年以内：60$　以上：40$
サイモン&シュースタ	〃	1年	NA	ハードカバー（リストプライス）より安く 個人向け電子書籍より高く
アシェット	〃	無期限	無期限 1ユーザー 1アクセス	刊行1年以内ハードカバー X 3 以上ハードカバー X 1.5
ペンギン	〃	2年		ハードカバー（リストプライス）同額

同じく利用者向けにも、BYOD（Bring Your Own Device ＝あなたのお好きな端末で利用してください）を可能にするべく、様々なシステムやサービスを組み合わせて提供をしている。それゆえ利用のための料金に関して言えば、それぞれの図書館での違いが非常に大きい。例えばシステム費は初期費用＋年間（月間）使用料なのか、フラットなのか、完全従量制か、ミニマムコミットメントが有るか無いかなど、価格表はあっても、実際の契約は利用者人口と、コンテントの量や内容によって様々である。

日本では電子図書館サービス自体が、まだ立ち上がっていないに近いレベルだが、個別のサービスを受け入れる北米と、出版社側にも図書館側にも、横並びのルールがあった方が便利そうだという日本では、導入へのバリアーに違いが生じるのは、やむを得ないのかもしれない。

●出版社の対応も独自・個別

また図表２で見られるとおり、出版社の対応にも相当な違いがある。これはあくまでも一般書の例で、専門書や学術書の場合はまた違うケースが多い。同じタイトルでも契約内容が１冊に対して同時アクセスが１人なのか、複数なのか、限定がないのかなどの組み合わせも存在するし、コンソーシアム・ディスカウントや個別タイトル購入とセット購入とでも違いがある。もちろん、これらの複雑な仕組みについては図書館側には不満があるようだが、利用者の満足度を優先する公共図書館が多いため、タイトル獲得を優先する判断が働いているように思われる。

1.1.3　敵味方という不毛の議論ではない「読書の場」の創造と再生産

少なくとも北米の公共図書館が電子書籍を導入している理由の一つは、大手出版社が新刊について、紙の書店で売っているタイトルを、タイミングとしては同じように利用可能にしたことが大きいとみられる。これは日本電子図書館サービス（JDLS）の実証実験の結果からも読み取れる。図書館としては要求の多い話題の新刊を電子版で提供することで、蔵書スペースの増加や督促業務の手間を省くことができる。またアクセシビリティの面では、音声読み上げソフト利用での視覚障害者への対応以外にも、遠隔地、四肢不自由、長期入院などによる来館不能者への対応があげられる。先述したが、著者・出版社にとってはテストマーケティングや知名度向上の場としての活用（米国では年50万に近い新刊が溢れるなかで「発見」されることがもっとも重要視され始めている）として図書館でのデータが利用されている。
日本で図書館への電子書籍の浸透を妨げているのは、新刊が提供されない、日本の電子書籍ビジネスの中心がマンガであること、図書館予算の減少傾向が止まらないなか、電子書籍を利用したいと思っても、勘定項目がない、など様々な「言い訳」は、それこそ切実な声色で聞こえてくる。

●いまこそ必要な「セルフヘルプ」と「イノベーション」

出版不況だと嘆いているだけでは、おそらく事態はさらに悪くなる。現実を直視するところから始めるしかない。それこそ戦後70年、書籍や雑誌は書店で買うものだったかもしれないが、書籍に限れば書店での販売冊数と図書館の貸出し数は既に逆転している。どんな本でも買わない、買えないという層は確実に存在している。理由は経済的なものとは限らない。読書は好きだけれど歳をとって身体が不自由になり、書店に出かけられないということかもしれない。あるいは健康でシルバーホームに入居はしたけれど、居住スペースが限られ、家具や服を置くのもやっとなのだから、本を置くこと、レコードを持ち込む贅沢なんてできないという理由かもしれない。断捨離を思い立っても、なかなか本は処分できない。配偶者や子供に託すなら、なおさらもうこれ以上は増やせないという理由もあるだろう。

電子であっても、無料のコンテントは読むけれど、有料のコンテントは購入したことがないという人たちも若年層には相当数いる。欲しい楽曲がCDでしか入手できなければ買うけれど、CDそのものはコピーすれば捨ててしまう。だってCDって投票権でしょ？　総選挙が終わる前から、レンタルでも二次流通でも値段がつかないもん。あるいはネットを動きまわってポイントを溜めて、現金は絶対に使いたくない。そんな層が確実に存在する。ポイントを集めるよりアルバイトをして稼いだほうが、はるかに効率的であったとしても。（一昔前、あるIT企業が従業員を使って、一時間でどれだけポイントを稼げるかの実験をした。この分野に詳しい若手社員たちでも時給換算してみると、せいぜい300円程度しか稼げなかったという。）しかし時間は持て余すほどあると思っている若年層は、コンテントにお金は使わない。会社勤めを始め、時間は有限だと気がつくと、時間をお金で買うようになる……とも限らない。どうせ暇潰しなんだから無料マンガで充分にお腹一杯。有料部分は別に読まなくてもいい。本当に欲しければ、二次流通で充分じゃない。……そう、残念ながら電子は単純な救いの神ではない。技術革新を利用して、付加価値をどうつけるか。しかもその闘いには終わりがない。現状維持をするだけでも、不断の改革が必要なのだ。1980年代に同じような規模（約3兆円）だった出版とパチンコ。パチンコ業界は技術革新に努め、庶民の娯楽の領域を越えて別領域に突入、売り上げは30兆円を越えたが、いまは20兆円程度だ。売上を奪っていったのは携帯ゲームだが、その携帯ゲームも淘汰は既に始まっている。同じ場所に留まりたいだけでも走り続けなくてはならない、赤の女王が言うように。日本のメディア・コンテント産業は全体で12兆円弱だ。全体のパイは、ほとんど変わらない。

Paper Print Package Product……。そして書店経由の流通。誰もが意識的に行動したかどうかは別にして、モノ造りの標準化を進め、契約書により著者、出版社だけではなく、それぞれの職種のそれぞれの職制までが、権利と義務・責任の関係をはっきりとさせてきた北米の出版界。製造業からサービス業的変身に苦労はあっても、状況と向かい合ってはきたのではないか。対して契約書のひな型すらも誰かが作るのを待っていて、周囲の動きを気にはするけれど自分では動けずに、テキストデータのサルベージから始めなければならなかった日本の出版界。紙のおまけのような金額でICT企業にコンテントと構造化のノウハウを丸投げして、辞書・事典を不毛の地にしてしまった過去から学べなかったのだから仕方がない、のだろうか？

いまさら出版社と図書館がお互いに書籍が売れない、読書離れの内容・程度が問題だと、誰かを責めていれば問題が解決するわけではない。もう現実逃避の議論をしている余裕はない。出版産業が内包していた矛盾を、一貫してカバーしてきた雑誌流通のボリュームが、あるいはそれをアシストする広告収入が、激減してしまったのだ。出版流通は制度疲労の領域を越えて、もう崩壊してしまっている。おまけに電子に奪われたのは、販売機会だけではなく、消費可能な時間そのもの。著作者だけではなく、利用者の権利意識も大きく変わってきた。
けれどもものは考えよう。先に述べたように購入と貸与を冊数ベースで合わせると、数が減っているわけではない。いま目の前で起きている現象が、読書離れ・活字離れではなく、紙の流通離れであるならば、電子という道具を使って、新たなサービス創生は、決して夢ではないと思う。文庫には「解説」という、素晴らしい付加価値があるように。出版に付加価値を付けるイノベーションを、要素技術を組み合わせて作ればいいのだ。

1.2 電子書籍を図書館で貸し出す法的根拠

インタビュー
村瀬拓男●用賀法律事務所

1.2.1 紙の本を図書館で貸し出せる法的根拠は？

—— まず、紙の本を図書館で無料で貸出しをする法律的根拠を教えてください。

紙の本は図書館の蔵書で、図書館の所有物です。人は自分の所有物をどのように扱おうが自由です。それは図書館も同様です。しかし、本の中身には通常著作権が存在します。本を貸し出す行為が著作権法に触れるかどうかを見なくてはならない。

現行法上は著作権法 38 条の 4 項で、著作権者が持っている貸与権が権利制限されています。

「公表された著作物（映画の著作物を除く。）は、営利を目的とせず、かつ、その複製物の貸与を受ける者から料金を受けない場合には、その複製物（映画の著作物において複製されている著作物にあつては、当該映画の著作物の複製物を除く。）の貸与により公衆に提供することができる。」（著作権法第 38 条の 4 項）

貸与権というのは、貸し出す権利です。

営利を目的とせず、また貸与を受ける者から料金を受けない場合には、公衆に提供することができる。これが、図書館が紙の本を貸し出すことができる根拠です。

—— 非営利で料金を取らなければ貸し出せる、ということですね。

そうです。

公共図書館は、まず非営利という条件が満たされていて、さらに貸出しでお金を取っていない。つまり図書館の利用において対価を取っているわけではない。だから貸与権が認められる。

図書館は、この著作権法 38 条の 4 項によって貸出しが法的に認められているということです。

—— ということは、非営利で無料であれば、図書館にかぎらず誰であっても同じですね。

そうです。

—— たとえばある企業が図書館（図書室）を作って、そこを非営利で運営しているとした場合、貸出しはできますか？

そこは微妙です。

たとえばその企業がもっている商業ビルの中に図書館（図書室）を作ったとしましょう。図書館の利用が増えれば、集客ができ、商業ビルの利益が上がる、とも考えられます。

図書館を宣伝に使っているというふうに見れば、営利を目的としている、と考えられる可能性もあります。

営利企業は、とにかくすべての行為が営利を目的としているはずなので、ある事業だけ非営利だと言い切れる可能性はかなり低い。

—— そうすると図書館有料論は、現実的には非常に危ういですね。一冊50円、100円のお金を取るとしたら、38条4項では貸出しできない。その場合は、著作権使用の枠組みでやるしかないですね。

ええ、出版物貸与権管理センターを通して、著作権使用料を支払うということが必要になりますね。まあ図書館の場合、利用者からいくばくかのお金を徴収したからといって、必ずしも38条4項に該当しないかどうかについては、ある程度解釈の幅がありますから、グレーゾーンではあるんですが。

—— そのあたりは、出版や図書館に関わる人もきちんと認識できていない人が多いかもしれない。

むしろ明確な認識はないんじゃないかなと思います。

というのも、著作権法38条の4項ができる前から図書館の貸出しが存在していましたから。貸与に関して、著作者の権利であると明示されたのは、図書館での貸出しがすでに行われていた後です。

ご存知だと思いますが、貸与という権利については、かつては貸本業が賑わった時代もあり、零細な貸本業者を圧迫してはいけないという理由で、暫定措置として、著作権法附則第4条の2[▶1]で、書籍・雑誌は自由に貸与ができることになっていた。それが廃止されたのが2004年です（施行は2005年1月1日）。その年に出版物貸与権管理センターが発足しました。

—— そのきっかけはなんでしょう？

著者や出版社から、なぜ本だけ貸与権が認められないんだという声が高まってきたんですね。

—— マンガ喫茶の台頭もありますね。

いや、マンガ喫茶は喫茶店内での閲読で、建物の外には貸出しはしていないので、貸与にはあたらないんです。

—— なるほど。

1.2.2 紙の本と電子の本の法的な違いはなにか？

—— 次に、電子書籍を貸し出す法的根拠をお聞きしたいのですが、そこにいく前に、そもそも紙の本と電子の本の権利の違いはなんですか？

法律的な視点でいうと、一番大きな違いは、モノかモノじゃないか、です。

著作権法にかぎらず、法の世界では一般に、モノかモノじゃないかというところで大きく区別されます。

紙の本はモノです。電子の本はモノじゃない。

—— もう少し突っ込んでいただくと、紙の本とは？

本の中には文章や絵が書かれていて、多くの場合、そこには著作権が存在します。

[▶1] 著作権法附則第4条の2の規定は次のとおり。「第26条の3の規定は、書籍又は雑誌（主として楽譜により構成されているものを除く。）の貸与による場合には、当分の間、適用しない。」この暫定処置は2004年に廃止となった。（施行は2005.1.1）
著作権法第26条の3の規定とは「著作者は、その著作物（映画の著作物を除く。）をその複製物（映画の著作物において複製されている著作物にあつては、当該映画の著作物の複製物を除く。）の貸与により公衆に提供する権利を専有する。」である。

本というのは、モノであると同時にそこには著作物が同居しています。

—— **電子書籍を意識して言うと、モノである以上、同時に２人、３人に貸出すことはできない。同時に読むとしたら、コピーをするしかないが、そうなると複製権が発生する。**

モノである以上、貸しても、著作物の保護や運用、処理がやりやすいという面はありますね。

モノである以上、その性質上、限界があり、その性質に合わせた処理がなされてきたわけです。

たとえば紙の本が１万部売れました、という言い方をしますが、それは１万の人に読まれたということを意味するわけではない。誰が何人読んでいるかはわからない。しかし、著者に払われる印税は、たとえば本の定価×刷り部数×10％ということでみんなが一応納得している。

紙の本というのは、何部作ってばらまくか。つまり複製する数が著作物の利用数とだいたい比例している。１冊の本にはふつう１人の読者がいる。その対価がこの印税の数字だというフィクションをみんなが了解しているわけです。

また貸与という利用の仕方においても、モノは１つしかありませんから、誰かが使っていれば他の人は使えない。貸与にまわる量はある程度コントロールができるわけです。そういう意味でも、適切な対価が支払われているという枠組みを一応みんな了解している。

—— **では、電子書籍は？**

電子書籍をどう扱うか。これは考え方がいろいろあります。いまどういう枠組みでみんなが納得しようとしているのか、ということで言うと、日本の著作権法では公衆送信権という権利を著作権の一つの権利だと決め、そこで処理をする、ということにしたわけです。

—— **公衆送信権は著作権法にあるんですか？**

あります。

公衆送信権で一番大きいのが放送。テレビ放送、ラジオ放送です。

公衆送信権のひとつとして自動公衆送信という概念がつくられました。自動公衆送信というのは、リクエストがあれば、そのリクエストに応じてオンデマンドでデータを送る。その仕組みを自動公衆送信と名づけ、公衆送信権の中に、自動公衆送信を許諾する権利というものを作った。これで電子書籍を含むネット系の著作物コンテンツをその中で処理するよう制度設計をしました。

そのうえで、では著作物利用の対価をどう計算するか。

これは、紙の印税の払い方と同じように、法律で決められているわけではありません。さきほども言いましたが、紙の本の場合は、複製した数（印刷した本の冊数）で対価を支払っていて、みんなそれで納得している。貸与についていえば、出版物貸与権管理センターで、１冊あたりの使用料を支払うか、貸与回数に応じて使用料を支払う場合などが決められている[▸2]。

—— **それは有料で貸し出す場合の話ですよね。**

そうです。レンタルビデオ店などと同じ仕組みです。

かつてはレンタルビデオ店は、小売価格よりも高くビデオを買うことで、何回そのビデオが借りられても権利者はそれで納得していた。

［▸2］ 一般社団法人 出版物貸与権管理センターでは、例えば貸与回数に応じて使用料を支払う場合は出版物の本体価格の8％などと、使用料を規定している。出版物貸与権管理センターのHPで使用料規定がPDF公開されている。http://www.taiyoken.jp/Datas/Pdf/Taiyoken20131209001.pdf

いまは、レンタル店がビデオを買うのではなく、店頭で貸し出された数に応じてお金を支払うようになっていますが、それはどういう方法であってもいいわけです。手間とコストも考え、要はみんなが納得するフィクションをどう作るかという話なんです。

電子書籍の場合も同じで、権利者は自動公衆送信権が行使できる。しかし法律にはお金の取り方は何も書いていない。どうカウントしてどう払うか、貸与の使用料はいろんな方法がありえる。

ただ、電子書籍が紙の本よりやっかいなのは、物理的なモノという枠がない。つまり限界がない、という点だと思います。

紙の本だと、2 週間の貸出し期間で 1 年間フル稼働で貸し出したとしても、25 人にしか貸し出せない。しかし電子書籍は年間 25 人という物理的枠がない。そもそも貸与という概念自体が、物理的な枠を当然の前提というか暗黙の了解として組み立てられているので、電子書籍に貸与という概念を持ってくることがむずかしい。

つまり、物理的な枠がない以上、人為的なルールで物理的な枠を作るしかない。逆に権利者や出版社から見れば、その枠を作ることで、電子書籍も紙の本と同じように安心して貸与できるわけです。

著作権者に自動公衆送信の権利を付与したことによって、ネット上で勝手に不特定多数に送るということはできません。使いたければ、著作権者が納得するルールを提示しなければならない。

1.2.3 図書館が電子書籍を貸し出せる法的根拠は？

—— 著作権法 38 条 4 項により、無料であり非営利であれば貸与できるという根拠と、いっぽう自動公衆送信権を根拠にする電子書籍との関係はどう考えればいいですか？

むずかしいですね。

というのは、38 条 4 項は権利を制限する規定です。

著作権法 30 条以下では、そういう制限規定がいくつかある。

私たちに一番身近なのは私的目的の複製。自分が自分の楽しみのために複製することは 30 条で許されています。それがなぜかというと、個人が個人の使用目的の範囲で複製する分には、著作権者への対価のルールの根幹は崩れないでしょう、という納得があるからです。38 条 4 項も同じです。究極的には、非営利で無料という限定された場面に限れば、著作者の権利や利益、出版業界の利益を損なわないだろうと立法者は考えたわけです。

しかし、38 条 4 項に書いてある貸与というのは、あくまでもモノであることが前提です。電子書籍はモノではない。

—— つまり、この 38 条 4 項に基づいて電子書籍を貸し出すことはできないということですね。しかし、図書館が電子書籍を貸し出すときに、寄って立つ法律的根拠はここにしかないのでは？

そこまでくると、神学論争に近くなってきますね（笑）。

というのは、著作権法は民法の特別法でもあり、刑事罰がついてくる刑法の特別法でもあります。

刑法というのは、準用、あるいは類推適用ということはできない。例えばお前がやったことは人を殺したことと同じようなことだからといって、殺人罪に問うことはできません。それは成立しない。罪刑法定主義といって、犯罪の行為と刑罰の内容をあらかじめ明確にしておかなければならないということが法律で決まっているわけです。

過去に、電線から勝手に電気を引っ張ってきて使っていた人が窃盗罪にあたるのかどうかという裁判がありました。旧刑法の時代で、今の最高裁にあたる大審院は、管理可能性がある以上財物にあたるという解釈を採用し、有罪としましたが、学説の反対は強く、現刑法制定時（1907年）に刑法の245条で電気は財物とみなすという条項が加わった。この大審院の解釈は「財物」という概念を管理可能性という観点から拡張したもので、拡張解釈であり刑法解釈として許容されるとされていますが、それでもこのように立法によって明確化されている。

これに対し物理的にモノであることが前提となっている「貸与」の概念を拡張することは極めて困難であり、電子的に似たことをやっているのだから貸与の規定を使う、ということは類推解釈となります。

ですから、本来38条4項が適用されない領域で、適用されると考えてやってしまうのは、38条4項違反であると同時に、著作権侵害になりうるので、刑事罰になる可能性があるということになります。

―― **ということは、公共図書館の電子書籍貸出しにおいて、ベースとなるルールはいまはほぼ一切ないと考えていいということですか？**

そうです。

公衆送信権という著者の権利があり、その権利を制限する条文がない以上、非営利―無料でもそのまま貸与できるとは言えないと思います。権利制限の条文ががないのだから、じゃあそこでどういうルールを作っていくか。いまはその状況にあります。

―― **極端に言うと、電子書籍の場合は、貸出しに利用料をとってもいいわけですね。もちろん図書館法の無料の原則には引っかかるかもしれないですが。**

図書館が電子書籍をどう貸し出していくのか、過去の概念を引きずる必要はないと思っています。

―― **最後になりますが、TRC-DLやJDLS（日本電子図書館サービス）など、電子図書館サービスを行っている会社がいくつか立ち上がっています。出版社が、図書館への販売を委託する場合、出版社は著者と図書館貸出し用の契約を結んでおかなければならないんですか？**

そうですね。

出版社が流通ルートをコントロールできているのであれば、そのルートからあがる利益を、権利者と出版社とのあいだでどう分配するかというのは合意する必要がありますね。

―― **契約書に自動公衆送信権の項目がありますが、そこで合意し、分配条件も合意していれば？**

法律的には、電子図書館の利用も全部含まれているという理解でも大丈夫です。

ただ、著者からすると、そっちの話は別だよと思う人もいる。それと契約当時に想定されなかった利用方法についてまで合意があるとはみなしてもらえない可能性もありますから。

―― **したがってそういうクレーム、争いが想定されている以上、それを踏まえてどう対処するのか、出版社は考えないといけないですね。**

そうです。

従来の電子書店と電子図書館、これがまったく違うものなのかどうか、そこもまた今後問題になってくると思います。仮に図書館が有料で運営されていたら、他の電子書店と法律上区別するポイントがどこにもありません。

――まとめると、電子書籍を公共図書館が無料で貸し出す根拠は、現状、著作権法上には根拠が見当たらないということですね？

自由におこなっていいという根拠はどこにもないです。

もちろん、許諾をとれば、やってもいい。

――したがって、やるとしたら、どのようにやるのかというルールを、著作権者・出版社・図書館、ひいては社会全体で作ることが必要だということですね。

そうですね。

1.3 電子書籍サービスのアクセシビリティ機能への期待と可能性

野口武悟●専修大学文学部

1.3.1 図書館が寄せるアクセシビリティ機能への期待とその背景

●アクセシビリティ機能への高い期待

電子出版制作・流通協議会（以下、電流協）が2014年に実施した「公共図書館の電子図書館・電子書籍サービス」に関するアンケート調査では、1項目として「電子書籍サービスに期待している機能について」たずねている（回答数743館）。期待の高かった機能としては「文字拡大機能」72%、「音声読み上げ機能」62%、「文字と地の色の反転機能」45%であり、「資料データベースサービス」44%や「マルチメディア機能」39%などの一般的な機能よりもアクセシビリティ機能への期待の大きさがうかがえる（詳しくは『電子図書館・電子書籍貸出サービス：調査報告2014』ポット出版、2014年を参照）。2015年に実施した同調査でも、本書にあるように、ほぼ同様の結果が示されている。

電子書籍サービスのアクセシビリティ機能に図書館が期待を寄せる背景としては、紙とは異なるデジタルならではの機能を求めているということもあろうが、それに加えて(1) 印刷された書籍や雑誌などの読書に困難のある人（プリントディスアビリティのある人）が少なくない現状、(2) 2016年4月に公立図書館を含む行政機関等への「合理的配慮」提供の義務化、についても指摘できる。

●少なくないプリントディスアビリティのある人

紙に印刷された書籍や雑誌などをそのままの状態で読むことの難しい人は、少なくない。こうした人のことを国際的にはプリントディスアビリティ（PD）のある人と呼んでいる[▶1]。

PDのある人には、視覚障害者だけでなく、手話を母語とする聴覚障害者（ろう者）、ページをめくることが難しい上肢障害のある肢体障害者、ディスレクシア[▶2]のある学習障害者、知的障害者などが含まれる。また、加齢に伴って視覚機能や認知機能などの低下した高齢者もPDのある人といえる。こうした人は、欧米では、その国の人口の少

[▶1] 例えば、「IFLAプリントディスアビリティのある人々のための図書館宣言」（2012年）など（全文は、DINF（障害保健福祉研究情報システム）http://www.dinf.ne.jp/index.html より閲覧可能）。IFLAとは、International Federation of Library Associations and Institutionsの略で、国際図書館連盟のことである。

[▶2] ディスレクシアとは、視覚障害や知的障害がないにもかかわらず、読み書きに困難を示す状態のことであり、読み書き障害や読字障害ともいわれる。原因は、脳における文字情報処理プロセスの発達障害と推定されている。

なくとも7～8%程度いるとされる[▶3]。日本では、医学的診断を受けて障害者手帳[▶4]を保持している人と障害者手帳は保持していないものの「障害による日常生活を送る上での生活のしづらさのある者」をあわせると、視覚障害などの身体障害者393.7万人、知的障害者74.1万人、精神障害者320.1万人のあわせて787.9万人であり、これは国民の約6%に相当する[▶5]。

また、その国の言語（日本の場合は日本語）を母語としない人など言語的あるいは社会的な理由から読むことの難しい人もいる。就学の機会がなかったために非識字の状態にある人もここに含まれる。PDのある人には、前述したような視覚障害などによる人だけではなく、言語的あるいは社会的な理由から読むことの難しい人も含めることができる。欧米では、こうした人がその国の人口の少なくとも6～7%程度いるとされる[▶6]。アジアやアフリカの国のなかには、非識字の人が人口の5～6割を占める国もある。日本では、日本語を母語としない人は約200万人（2012年末時点）であるから、人口の約1.5～2%程度である[▶7]。

このように日本でもトータルで約8%もの人がPDの可能性があり、高齢化と国際化の進展に伴って、その割合は今後も増加していくものと思われる。こうしたPDのある人への対応は公共図書館としても喫緊の実践課題の一つとなってきているのである。

●「合理的配慮」の提供義務化

2016年4月に「障害を理由とする差別の解消の推進に関する法律」（障害者差別解消法）が施行される。同法の施行によって、公立図書館を含む行政機関等には障害者に対する「合理的配慮」の提供が義務化される。同法は、そもそも「障害者の権利に関する条約」（2006年12月国連総会採択。日本は2014年1月批准）の批准に向けての国内法整備の一環として2013年6月に制定されたもので、「合理的配慮」はこの条約に規定された核となる概念の一つである。

「合理的配慮」とは、「障害者が他の者との平等を基礎として全ての人権及び基本的自由を享有し、又は行使することを確保するための必要かつ適当な変更及び調整であって、特定の場合において必要とされるものであり、かつ、均衡を失した又は過度の負担を課さないものをいう」（「障害者の権利に関する条約」第2条）。わかりやすくいえば、障害者一人ひとりのニーズをもとに状況に応じた変更や調整を各図書館の体制や費用などの負担がかかり過ぎない範囲（＝合理的）において行うことといえる[▶8]。公共図書館における読書という場面を例にとると、一人ひとりのニーズに応じて音声化などの変更や調整を提供していくことが求められるようになるのである。

もちろん、「合理的配慮」を的確に提供していくには、それを行える環境を整備してい

[▶3] ブロール・トロンバッケ「やさしく読めることの意義とスウェーデンのLLブック出版」藤澤和子・服部敦司編著『LLブックを届ける：やさしく読める本を知的障害・自閉症のある読者へ』読書工房、2009年、p.20-49.

[▶4] 身体障害者に対する身体障害者手帳のほかに、知的障害者に対する療育手帳、精神障害者に対する精神障害者保健福祉手帳がある。

[▶5] 内閣府『平成25年度版障害者白書』 http://www8.cao.go.jp/shougai/whitepaper/h27hakusho/zenbun/index-pdf.html、（最終アクセス：2015-10-08）.

[▶6] 前掲▶3と同じ。

[▶7] 本項の内容は、野口武悟・植村八潮・成松一郎・松井進「電子書籍のアクセシビリティに関する実証的研究（Ⅰ）：音声読み上げ機能の検討を中心に」（『人文科学年報』第44号、2014年所収）の2.1の内容を一部改稿したものである。

[▶8] 野口武悟・成松一郎編著『多様性と出会う学校図書館：一人ひとりの自立を支える合理的配慮へのアプローチ』読書工房、2015年、p.3.

かなければならない（「基礎的環境整備」）。2015年2月に閣議決定された「障害を理由とする差別の解消の推進に関する基本方針」では、「障害者による円滑な情報の取得・利用・発信のための情報アクセシビリティの向上等」は「合理的配慮を的確に行うための環境の整備」と位置づけ、「着実に進めることが必要」としている。アクセシビリティの備わった電子書籍サービスを導入することは、まさに「基礎的環境整備」の一つといえるだろう。

1.3.2 図書館協力者依存モデルの現状と限界

公共図書館では、これまでも障害者などPDのある人に対しては各館の実情にあわせてさまざまなサービスを提供してきた。これを「障害者サービス」という。なかでも、紙に印刷された書籍や雑誌などの原資料を各人のニーズに応じて、点字、拡大文字、音声などの媒体（点字資料、拡大文字資料、録音資料）に変換（法的には複製）して提供するサービスは重要である。いわば、「合理的配慮」の提供をすでに実践してきたといっても過言ではない。

しかしながら、国立国会図書館が2010年度に実施した「公共図書館における障害者サービスに関する調査研究」では、回答のあった1,503館のうち、点字資料への媒体変換を行っている図書館は3.4%（点字データ）、0.8%（冊子形態）、拡大文字資料については0.7%、録音資料（図書）については9.8%（カセットテープ）、5.1%（DAISY）[▶9]と、いずれも少数にとどまっていた[▶10]。もちろん、これらの媒体を所蔵する館となるともう少し高い割合を示しているし、今日では点字資料や録音資料（DAISY）のデータは「サピエ」（http://www.sapie.or.jp）[▶11]への加盟や、国立国会図書館（http://www.ndl.go.jp）の「視覚障害者等用データ送信サービス」を活用することで全国レベルでの共有化と提供が可能となっている。それでも、年間8万点以上出版される印刷書籍のうち、これらの媒体で利用できるタイトル数が限られていることに変わりはない。なお、点字、拡大文字、録音の各媒体での商業出版も行われているものの、タイトル数はごくわずかである。

公共図書館において媒体変換を担っているのは、図書館の職員もさることながら、多くは図書館協力者である。図書館協力者とは、点訳や音訳などの高度な専門スキルとノウハウのある人であり、かつ、図書館からの依頼に応えて媒体変換などの業務に携わっている人のことである。全くのボランティアではなく、図書館の責任のもとに活動している。したがって、図書館協力者の活動に対してはわずか（交通費やお弁当代程度）ながら報償費が支払われることが一般的である。図書館協力者をめぐっては、近年、高齢化と世代交代の困難さが課題として指摘されている。ここには、図書館協力者になろうとする年齢の若い人が少なくなっていることも関係している。かつてであれば、子育てを終えた中年世代が図書館協力者にエントリーするケースが目立ったが、昨今のライフスタイルの変化や経済事情などからそうした人は減少している。代わって、団塊世代、つまり60歳以上の希望者は増えている。ある図書館で音訳者養成講座を

[▶9] DAISYとは、Digital Accessible Information SYstemの略で、「アクセシブルな情報システム」と和訳されるが、一般にはデジタル録音図書として知られる。現在では、音声にテキストや画像を同期させて電子書籍化したマルチメディアDAISYなどもある。

[▶10] 国立国会図書館『公共図書館における障害者サービスに関する調査研究』シード・プランニング、2011年、p.35.

[▶11]「サピエ」とは、日本点字図書館がシステムを管理し、全国視覚障害者情報提供施設協会が運営する視覚障害者情報総合ネットワークのことである。厚生労働省の補助を受けている。

開催したところ、受講希望者の8割が60歳以上であったという。しかし、図書館協力者がもつ高度な専門スキルとノウハウは、体系的な学習と継続的な経験の蓄積が不可欠であり、例えば、音訳の図書館協力者であれば「一人前になるのに10年はかかる」とさえいわれている。そのため、図書館によっては60歳以上での新規エントリーを断っているところもある。こうした課題を解消するための妙案は今のところなく、図書館協力者に頼ってきた現在の媒体変換に関するモデルは限界に近づきつつあるといえるかもしれない。

ところで、公共図書館における上述してきた媒体変換は、著作権法第37条の規定に基づき、原資料の著作権者に無許諾で行っている。特に、同法第37条第3項[▸12]が、2010年1月より改正施行となり、視覚障害者に限らず「視覚による表現の認識に障害のある者」[▸13]にまで変換した媒体の提供対象を拡大したことは大きな出来事であった。しかしながら、対象者を拡大したとはいえ、PDのある人全てを対象としているわけではない。例えば、日本語を母語としない人から日本語学習などのために音声化された録音資料（DAISY）を貸してほしいというニーズがあるものの、同法第37条第3項によって媒体変換された録音資料（DAISY）を日本語を母語としない人に貸出すことはできないのである。だからといって、これ以上の著作権者の権利制限の拡大は難しいだろう。

1.3.3 電子書籍サービスのアクセシビリティ機能がもつ可能性

以上述べてきたように、公共図書館で現在取り組まれている、紙に印刷された書籍や雑誌を著作権法第37条の規定を根拠に図書館協力者等の力を借りながら媒体変換してアクセシビリティを確保するモデルには限界や課題がある。アクセシビリティ機能を備えた電子書籍サービスを公共図書館が導入できれば、これらの限界や課題を補える可能性が高い。具体的には、①市場流通している電子書籍をそのまま提供できるため、利用できるタイトル数が大幅に増加する、②図書館協力者のいない図書館でも、TTS（text to speech：音声合成）による音声読み上げや文字の拡大などの機能が提供できる、③著作権法第37条第3項による提供対象者の縛りがなく、誰もが利用できる。

●電子書籍のアクセシビリティ

電子書籍のアクセシビリティには、そのフォーマット（ファイル形式）、利用する端末や

[▸12] 著作権法第37条第3項の規定は次の通りである。「視覚障害者その他視覚による表現の認識に障害のある者（以下この項及び第102条第4項において「視覚障害者等」という。）の福祉に関する事業を行う者で政令で定めるものは、公表された著作物であつて、視覚によりその表現が認識される方式（視覚及び他の知覚により認識される方式を含む。）により公衆に提供され、又は提示されているもの（当該著作物以外の著作物で、当該著作物において複製されているものその他当該著作物と一体として公衆に提供され、又は提示されているものを含む。以下この項及び同条第4項において「視覚著作物」という。）について、専ら視覚障害者等で当該方式によつては当該視覚著作物を利用することが困難な者の用に供するために必要と認められる限度において、当該視覚著作物に係る文字を音声にすることその他当該視覚障害者等が利用するために必要な方式により、複製し、又は自動公衆送信（送信可能化を含む。）を行うことができる。ただし、当該視覚著作物について、著作権者又はその許諾を得た者若しくは第79条の出版権の設定を受けた者若しくはその複製許諾若しくは公衆送信許諾を得た者により、当該方式による公衆への提供又は提示が行われている場合は、この限りでない」

[▸13] 日本図書館協会など図書館関係5団体が2010年2月に策定した「図書館の障害者サービスにおける著作権法第37条第3項に基づく著作物の複製等に関するガイドライン」では、「視覚による表現の認識に障害のある者」の障害として、「視覚障害、聴覚障害、肢体障害、精神障害、知的障害、内部障害、発達障害、学習障害、いわゆる「寝たきり」の状態、一過性の障害、入院患者、その他図書館が認めた障害」を挙げている。

OS、流通システム（電子書店など）などの各部面ごとのアクセシビリティの状況が関わってくる。それぞれの部面ごとにアクセシビリティを確保、向上していくことが重要であることは言うまでもないが、標準化などを通して全体としてのアクセシビリティの向上も考慮していく必要がある。

電子書籍のフォーマットについては、周知のように、大きく二つに分けることができる。一つは全文テキストを構造化したXML系電子書籍であり、もう一つは印刷書籍をスキャニングして画像データとして制作した画像系電子書籍である。前者は、文字サイズを変えると、文字の流れ（改行の位置）が変わり、画面内で常に文字と文字がつながって読み続けることができることから、「リフロー型電子書籍」とも呼ばれている。テキスト情報を保有していることから、TTSによる音声読み上げが可能である。一方、後者は、画像として固定されることから「フィックス型電子書籍」とも呼ばれている。校閲の手間が省け、短期間に安価に制作することができるものの、テキスト情報を保有していないため、そのままでは音声読み上げが難しい。以上から、アクセシビリティを考慮すれば、XML系電子書籍とする必要がある。ただし、現状では、画像系電子書籍のほうが圧倒的に多い。例えば、2011年度に経済産業省の補助金事業である「コンテンツ緊急電子化事業」（緊デジ）によって64,833点の電子書籍が制作されたものの、そのうちの3分の2が画像系電子書籍であった。

電子書籍の端末（専用端末、汎用端末）については、現状、すべての端末がアクセシビリティ機能を備えているわけではない。電子書籍専用端末の音声環境としては、2007年11月にアメリカで発売された「kindle」がオーディオ出力を備えていた。これはアメリカで普及しているオーディオブックをダウンロード購入して聞くための機能である。TTSが標準搭載されたのは2009年に発売された「kindle2」からで、購入した電子書籍の英語音声読み上げが可能となった。その後、TTS機能がオーディオブック市場に影響を与えることを懸念した全米作家協会からの申し入れにより、現在は、作家の許諾があった作品のみTTS対応となっている。

一方で、2007年に発売されたApple社のスマートフォンである「iPhone」がタッチパネルを導入したことで、個人向け汎用端末のアクセシビリティに大きな変化がもたらされた。これ以降、テンキー入力の携帯電話（フィーチャーフォン）からタッチパネル方式のスマートフォンへの移行が始まった。2010年に「iPad」が発売され、タッチパネル方式のタブレットがブームとなる。また、iOS、Androidに続いてWindows8がタッチパネルインタフェースを導入したことから、現在では、液晶画面に直接触れて操作するタッチコンピューティングが主流になりつつある。液晶画面は平滑で手がかりもなく、通常の利用であれば画面を見なければ操作することが困難である。このため各OSにはユーザー補助機能のひとつとして、電子書籍を読み上げることに加え、操作コマンドを音声で読み上げる機能や操作方法の音声ガイドが搭載されている。ただし、現状において、これらのアクセシビリティ機能はOS間で必ずしも統一されていない。誤操作を避けるためにも、端末間、OS間のインターフェースに差異のないことが望ましい[▶14]。

[▶14] 本項の内容は、野口武悟・植村八潮・成松一郎・松井進「電子書籍のアクセシビリティに関する実証的研究（Ⅰ）：音声読み上げ機能の検討を中心に」（『人文科学年報』第44号、2014年所収）の2.3.3と2.3.4の内容を一部改稿したものである。

●電子書籍サービスシステムのアクセシビリティ

公共図書館の電子書籍サービスのシステムは、電子書籍が読者に届くまでのプロセスとしてみたときに、電子書店などの流通システムと並列の位置で捉えることができる。
公共図書館において電子書籍サービスのシステムを導入している館は、2015年9月時点でも40館に満たない。公共図書館向けに電子書籍サービスのシステムを供給する主なベンダーとしては、導入実績のないものも含めると、次の各社がある。

①大日本印刷グループ＝ TRC-DL
②凸版印刷
③アイネオ＝ Lib.pro
④想隆社＝ドキュメントコンテナ
⑤紀伊國屋書店＝ NetLibrary
⑥ NTT データ＝ AMLAD
⑦メディアドゥ＝ OverDrive
⑧日本電子図書館サービス（JDLS）=LibrariE

電流協の2014年のアンケート調査では、回答した743館のうち、電子書籍サービスを導入する予定が具体的にあると回答した館はわずか1%に過ぎず、検討中も21%にとどまった。電子書籍サービス導入にあたっての課題として上位にあがったのは、「予算確保」72%、「サービスを導入するための知識がない」55%、「サービス中止に対する不安」46%などであった。
筆者らは、上記ベンダーのうち数社に2014年の4月から8月にかけて、アクセシビリティ機能の現状などをヒアリング調査した[▸15]。その結果を図表1に示した（内容は2014年度時点のもの）。

図表1のA社のシステムは、公共図書館の電子書籍サービス導入実績館に占める導入率は約7割と最も高い。システムの導入を容易にするために、ウェブブラウザで読むシステムとした。このため、XML系電子書籍であっても画像データに変換して表示していることから、画像系電子書籍と同様で音声読み上げには対応していない。
B社のシステムは、もともと音声付きコミックを喫茶店など小規模商業施設で提供することを目的として開発したシステムを拡張して、電子書籍にも対応可能としたものである。音訳コンテンツ（オーディオブック）をストリーミングにより再生することもできる。
C社のシステムは、公共図書館で導入が現在まで継続しているシステムとしては最も古い。当初は電子書籍を館内サーバーに蓄積するインハウス（オンプレミス）型であった。Flashを用いた絵本や、オーディオブックといったコンテンツにも対応している。A社、B社に比して、アクセシビリティ機能が高い。
D社のシステムは、電子書籍のベンチャー企業が開発を手がけており、随所に独特な思想がうかがえるシステムとなっている。C社とともにアクセシビリティ機能の高いシステムとなっている。例えば、TTSエンジンを独自に持ち、音声読み上げを行う際に、

[▸15] 野口武悟・植村八潮・佐々木直敬「電子書籍サービスシステムのアクセシビリティ：システムベンダー5社へのヒアリング調査から」『第100回全国図書館大会東京大会要綱』、2014年、p.362-364.

図表1　主なベンダーの電子書籍サービスシステムのアクセシビリティ

	ベンダー	A社	B社	C社	D社
システム	システムタイプ	クラウドコンピューティング型	インハウス（WiFi配信）型	インハウス型／クラウドコンピューティング型	クラウドコンピューティング型
	デバイス	PC/iPad/TabletPC	PC/iPad/TabletPC	PC/iPad/TabletPC	iPad
	OS	Win/iOS/Android	iOS/Android	Win/iOS/Android	iOS
	特徴	郷土資料の追加	システム導入容易、郷土資料の追加	Flash絵本やオーディオブックにも対応	TTS対応、ハイライト表示
コンテンツ	種類	一部出版社の作品、青空文庫など	音声付きコミック、青空文庫など	一部出版社の作品、オーディオブックなど	一部出版社の作品、青空文庫など
	収集	ベンダー側が対応するためコンテンツ確保が困難	ベンダー側が対応するためコンテンツ確保が困難	ベンダー側が対応するためコンテンツ確保が困難	ベンダー側が対応するためコンテンツ確保が困難
サービス	利用者層	一般	主に小中学生	一般	一般
	利用形態	館内閲覧、館外貸出	館内閲覧のみ	館内閲覧、館外貸出	館内閲覧、館外貸出
アクセシビリティ	利用のための音声ガイド	△	×	×	○
	コンテンツのTTS対応	△	×	○	○*1
	音訳コンテンツ（オーディオブック）対応	△	○	○	×
	文字サイズの変更	△	×	○	○
	書体の変更	△	×	○	○
	組方向の変更	△	×	○	○

表中の凡例：○…対応、△…一部対応、×…非対応
＊1　男声／女声の選択，速度調整，音声にあわせてテキスト部分にハイライトを付す機能の利用が可能
（出所：野口武悟・植村八潮「公共図書館における電子書籍サービスの現状と課題」『日本印刷学会誌』第52巻第1号、2015年の表2）

対応箇所がハイライトする機能を備えている。

以上のように、電子書籍サービスシステムのアクセシビリティ機能には、ベンダーによって開きが大きい現状にある。今後、アクセシビリティ機能に関するこの差をいかに埋めていくか、そして、全体としての底上げをいかに図っていくかが焦点となるだろう。現時点では、まだ電子書籍サービスは発展途上である。アクセシビリティ機能に関しても、完備するにはもう少し時間がかかりそうである。公共図書館としても、期待をもって静観するだけでなく、要望をベンダー各社に伝えたり、実証実験に積極的に協力するなど、具体的に行動していくことが欠かせない。

1.4 KADOKAWA・講談社・紀伊國屋書店が始めた、日本電子図書館サービス

インタビュー
山口貴●日本電子図書館サービス（JDLS）

1.4.1 今年度内に数館が導入予定

――**日本電子図書館サービス（JDLS）はどういう経緯で生まれた会社ですか？**

個人向けの電子書籍が増え、利用者も徐々に増えてきました。そんななか図書館でも、利用者に電子書籍をどうやって提供するか。その実現を目的に生まれた会社ということです。

経緯は2013年7月の東京国際ブックフェアがきっかけでした。角川ホールディングスの角川歴彦会長から、図書館にも電子書籍を提供し、全体を盛り上げていこうという主旨の基調講演があり、講談社の野間省伸社長と紀伊國屋書店の高井昌史社長がそれに賛同。その3ヵ月後の10月に講談社、角川ホールディングス、紀伊國屋書店の3社で準備会社を発足させ、昨年（2014年）4月に事業会社としました。株主は前出の3社で、均等出資です。

――**もうサービスは開始しているんですか？**

今年（2015年）4月から、JDLSの電子図書館サービスLibrariE（ライブラリエ）が本格的にシステム稼働しました。

4月は、数社から電子書籍の許諾を得てまずシステムを稼働させ、図書館に対してあるいは出版社に対してもLibrariEのシステムを実際に見ていただきました。やはり実物をご覧いただくと導入検討や許諾の話が具体的に進むようになりました。

――**営業は自社でやっているのですか？**

紀伊國屋書店にすでに協力してもらっています。また近々TRCさんにも協力をあおぐ予定です。

――**現在、導入が決まっている図書館は何館ですか？**

今年の10月に1館、それに続いて年度内には公共図書館・大学図書館の数館が導入・オープンする予定です。

――**導入は何館くらいを目標にしていますか？**

公共図書館は全国に1,350自治体に3,200館ほどです。しかし電子図書館は同じ自治体に複数館ある必要はなく、市区町村にひとつあれば網羅できるので、5年で350自

治体、大学は250くらいの導入が実現できればと考えています。

1.4.2 現時点でのタイトル数は約6,500

―― 電子書籍のタイトルは集まっていますか？

現在、12社の出版社から合意をもらい、契約と手続きをすすめています。

現時点（2015年9月）での購入タイトルは、交渉中も含めて6,500タイトル。データベースに登録されているのは4,500タイトル弱です。これらはすべて著作権者の了解を得たものです。

LibrariEでは、インターネットサイトの記事コンテンツや著作権切れの電子書籍をもつ青空文庫、グーテンベルク21は扱いません。

コンテンツを増やすには、著作権者への許諾作業の時間はかかりますが、そこははずせないと思っています。今年度末までには1万タイトルの購入を目指しています。昨年10月に行った実証実験では、講談社、KADOKAWA、研究社、学研、筑摩書房、文藝春秋、インプレス、東洋経済新報社、紀伊國屋書店にご協力いただきましたので、すでに新刊書を含む1,851タイトルがそれらの出版社から提供されています。

―― LibrariEには、地域資料・自治体のオリジナル資料を取り入れることができるようですが、それらの横の展開、他の市区町村同士での共有などはお考えですか？

いまのところは、ある図書館の独自地域資料が他の図書館の電子図書館にも入れることができ、閲覧できる、とはなっていません。

電子図書館をはじめるときに考えてはみましたが、各市区町村で展開の仕方の要望がちがうだろうと考え、取り入れませんでした。しかし、将来的には、各市区町村の電

図表1　JDLSの循環型ビジネスモデル概念図

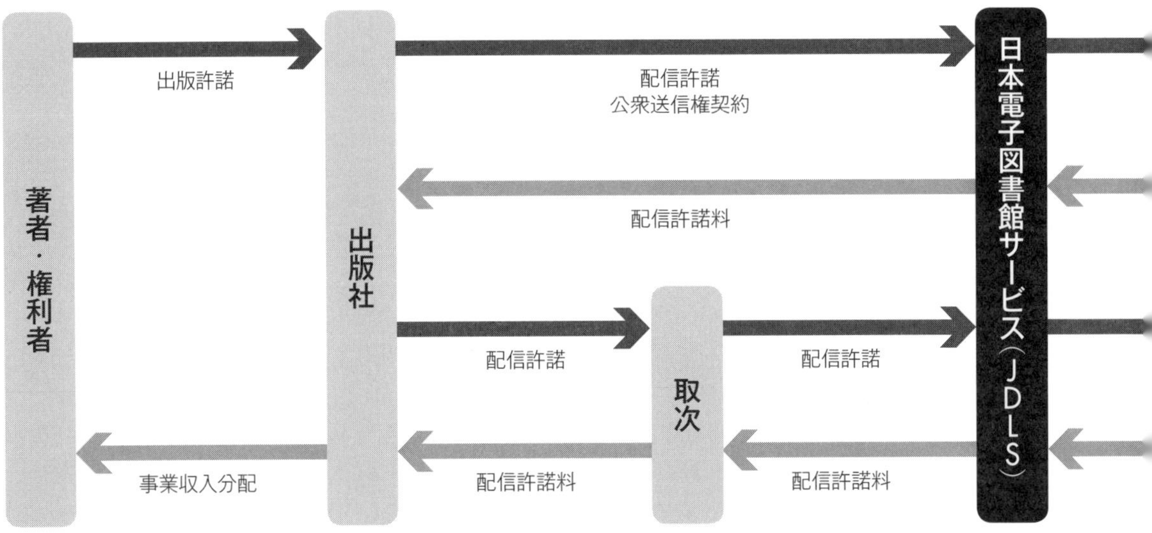

子資料を公開して、必要ならば了解を得た図書館同士で共有できるようにする、というシステムも考える必要があるかもしれません。
しかし、いっぽう図書館自らが、自館がもつ独自地域資料・歴史資料をアーカイブしているところも増えていますね。これは地域の利用者だけでなくても読めるよう積極的に無料で公開しているところも多いので、それらのアーカイブと電子図書館の連携も今後は考えていく必要があるのかもしれません。

1.4.3 貸出中でも見ることができる試し読み

―― それでは、図書館サイドから見た電子図書館のサービス内容についておうかがいします。特徴はどんなところですか？

LibrariE の図書館システムは日本ユニシスのクラウドシステムを利用していて、図書館の人ならば一度は見たことのあるシステムじゃないかと思います。図書館内にサーバ等のシステム環境は不要です。
LibrariE 独自の特徴としては、試し読みができるという点です。貸出中の書籍でも試し読みができ、気に入ったら予約できるという仕組みです。
また、利用者が本を買えるよう、ネット書店への誘導ボタンを今年度中に実現する予定です。ネット書店への誘導は、複数の入り口を示したいと考えています。電子書籍だけでなく、紙の本がほしい人もいるだろうし、ネット書店もアマゾンから紀伊國屋書店、BOOK WALKER、honto など、それぞれ自分がふだん利用している書店から購入したい人もいると思います。利用者の利便性をあげ、それによって購入によりつながっていくということも視野にいれていきたいと思っています。

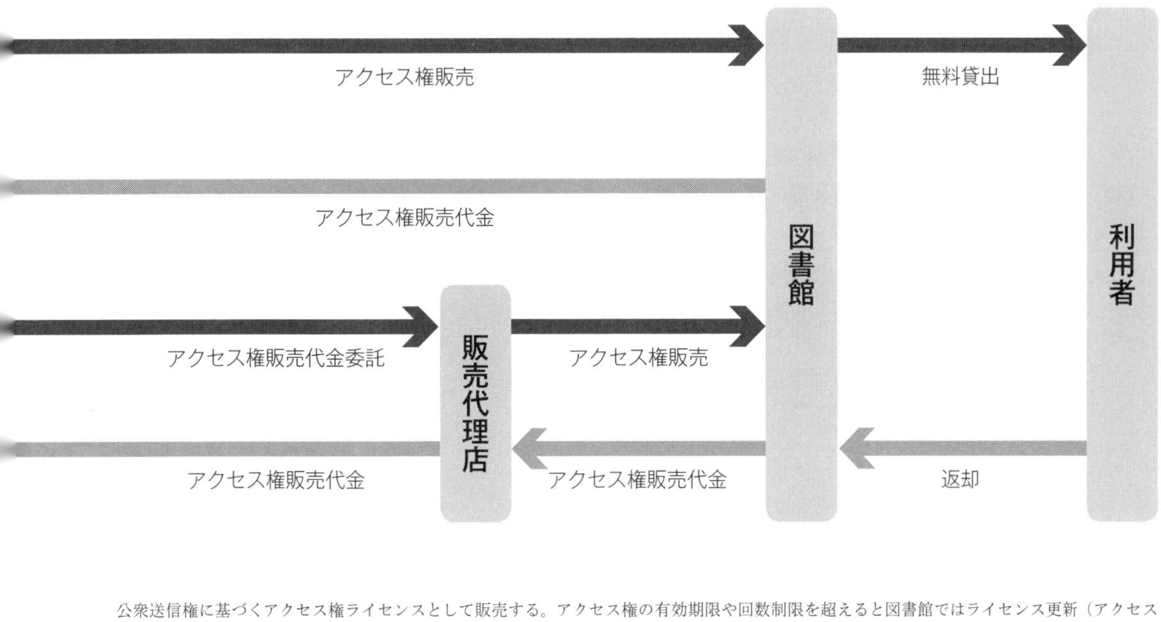

公衆送信権に基づくアクセス権ライセンスとして販売する。アクセス権の有効期限や回数制限を超えると図書館ではライセンス更新（アクセス権の再購入）が必要となるので、紙書籍とは異なり継続的に著者・権利者へ対価が戻るモデル

1.4.4 音声読み上げは著作権者の許諾を得て実施

―― アクセスビリティの観点から見ても、電子書籍のフォーマットが、EPUB リフロー型とか、EPUB フィックス型であると、ちゃんと書いてあるところがいいですね。EPUB リフローの場合は、音声読み上げはできるんですか？

電子書籍のフォーマットはEPUB3でリフロー型、フィックス型（固定型）両方あります。アクセスビリティの観点からいうと、LibrariEでは自動ページ送り、文字拡大・反転の機能については実現しています。

リフロー型のものについては、音声読み上げの仕組みは用意していますが、読み上げを必要としている人、つまり障がい者には貸出しする、といった限定するという運用となると、確認手続き等で図書館側に非常に手間がかかります。なので、だれでも希望すれば、音声読み上げ機能を利用できるとしたほうが合理的だと考えたんですね。ですから、そこについては、出版社・著作権者の許諾をきちんととったうえで、すすめていきたいと考えています。

現実に、出版社から書誌データをいただくときに、読み上げ機能を許諾するかという項目も設けており、許諾をいただいた書籍に関しては、読み上げ可能にしていく予定です。

―― 利用者が借りたときに、これは読み上げ対応しているものだということがひとめでわかるようになっているんですか？

いまのところ、その識別はありません。読み上げ機能が可能である電子書籍は、メニューボタンを押すと、音声メニューが出るようになっています。読み上げできない書籍は音声メニューが出てきません。ここで識別するようになっています。

1.4.5 貸出回数や期間を限定した3つのアクセスモデル

―― LibrariEはアクセス権モデルだと書かれているのですが、そのアクセス権のことを簡単に説明していただけますか？

JDLSでは、図書館向けとしてはじめて期限付きアクセス権をもうけるという新しいビジネスモデルを確立しました。出版社にしてみれば、図書館利用ではアクセス権があたりまえでしょ、という話ですが、図書館の方あるいは予算の決議権がある自治体にそこをきちんと理解してもらうために、明確にアクセス権モデルだと打ち出したんです。買い切りで買えないの？　どうして期限がついてるの？という声は、さすがに図書館から言われることは少なくなりましたが、教育委員会や自治体からはまだそういう質問が出てくることがあります。そのためにあえてアクセス権販売モデルということを強調して、理解していただきたいということです。

メニューは、ライセンス契約を基本にして、貸出回数や期間を限定した3つのアクセス権を用意しています。ひとつは、ワンコピー・ワンユーザ型、2つめが都度課金型、3つめがワンコピー・マルチユーザ型です。

―― ワンコピー・ワンユーザ型とは？

ワンユーザは、1冊の電子書籍に対して1人の利用者のみに貸出しすることが可能で、2年間、もしくは52回まで貸し出せるというモデルです。もし図書館が同時に3人まで貸出ししたいとなれば、その場合、アクセス権を3ラインセンス購入いただくことになります。

―― 図書館からすると、2年間というモデルは、年度をまたぐから困るという声はありませんか？

そうですね。しかし、そこも徐々にクリアできています。電子書籍をどの会計品目で購入するか、自治体によって違うんです。ある自治体では、データーベース使用料という名目で予算処理していこうと考えていました。その場合4月1日から翌年の3月31日までの年間予算のなかで処理されます。7月にこの電子書籍システムを買ったら、その翌々年の6月30日までの契約となります。これでは年間予算型のデータベース使用料という名目では予算申請できないことになります。そこで、我々は消耗品扱いという考え方はいかがですか？と図書館側に提案しています。期限が切れる、あるいは回数制限で終了する消耗品として、随時購入していく、というものです。

―― 都度課金型というのは？

ワンコピー・ワンユーザ型のライセンス契約が終了したコンテンツに限り設定することができる、1年ごとに更新する再契約モデルです。

これは、利用者が借りるごとに図書館が支払うお金が発生します。それをJDLSから出版社に還元します。逆にいうと、貸出しのない電子書籍にはコストがかからないということになります。

―― 都度課金では予算管理ができないという図書館からの声がありませんか？

出てきます。

ですので、都度課金も組み込んだ予算設定をしていただけるよう、選書オーダリングシステムという、予算管理をしながら書籍を発注できる仕組みを用意しました。

全体の電子書籍購入予算のなかで都度課金を想定して、予算上限を設定しておく。

都度課金型でライセンス購入したある1冊の電子書籍の利用者が思いのほか多くて、都度課金の予算が足りなくなりそうだ、となったら、ワンコピー・ワンユーザ型も含めた全体の予算枠で考え、都度課金を増やし、ワンコピー・ワンユーザ型の予算枠を削っていくという考え方なんです。

1.4.6 都度課金モデルで電子書籍の蔵書を増やす

ワンコピー・ワンユーザ型と都度課金を組み合わせで設けた理由は、図書館の電子書籍の蔵書数を持続して増やしていってもらいたいからなんです。

たとえば、1年目にワンコピー・ワンユーザ型で1,000冊買い、2年目も1,000冊買った場合、その図書館の電子書籍の蔵書は2,000冊。3年目は1年目の権利が切れるので蔵書数は1,000冊となるが、そこで1年目に買った電子書籍を500冊を都度課金に切り替えれば、1,500冊となり、そうやってワンコピー・ワンユーザ型と都度課金を組み合わせて、全体の蔵書数、利用者が検索できる数を増やしていく形にもっていけるのではと考えたのです。都度課金では、既刊本が増えていくことになりますから、たとえば平均回転率×80円とか100円という計算でやっていくと、そんなに大きな金額にならないだろうと予想されます。たとえばですが、年間予算が100万円だったとしたら、都度課金は10万円とっとけば十分という計算です。都度課金を設けることによって、新刊だけでなく、既刊本も蔵書していくことができ、そうやって電子書籍の蔵書を増やしていけるのではないかと考えています。

—— **このあたりは、実際に運用してみないとわかりませんね。**

そうですね。都度課金が予算に達してしまったときに、その書籍の貸出しを停止するかしないかという仕組みもほしいという要望もあり、図書館ごとにオプションとして設定できるようにもしています。

—— **最後のワンコピー・マルチユーザー型は、52回まで一気に貸していい、というモデルですか？**

いえいえ、マルチユーザ型は回数は関係ありません。マルチユーザー型は教育向けに用意したものです。

1冊の電子書籍を同時に複数の利用者へ貸し出す場合を想定しています。小学校や中学校、高等学校などの教育現場で、教科書、参考書、夏休みの課題図書として一定期間に生徒全員に貸し出ししたい、あるいは起業の新人研修の場面などで新入社員全員に貸し出ししたいというニーズに応えるものです。

たとえば50人同時に借りることができ、期間は1ヵ月でも半年でも、2年の範囲なら自由に設定できるというものです。その期間であれば何回読んでもいい。40人に見せるという設定で、出版社さんに値付けしてもらうのです。利用者を50人、100人、150人、それ以上というふうに、ある程度目安の人数を決めていこうと考えています。

—— **たとえば50人なら1万円とか、100人だったら1万8,000円とか、それらを考えて出版社は値付けしてください、ということですね。**

そうです。

マルチユーザー型では、選書システム上で誰に貸し出すかというのを設定できるため、たとえばある公共図書館の中に、期間限定である学校向けだけの図書館を作り、そこに夏休みの課題用の電子書籍をいれておく、というようなことも可能です。ただし、この場合は、現場で人数分の端末を用意しておかなければならないということにはなりますが。

紙の書籍では、1冊の本を複数の人に同時に貸すことはできないが、電子書籍だからこそその特性を活かした短期間・複数貸出しを実現したモデルなんです。

1.4.7 紙の本の1.5～2倍の値付け

—— **図書館の支払う料金はどうなっていますか？**

図書館に支払っていただくものは、2種類の料金となります。

ひとつは電子図書館のプラットフォームを作る初期費用と月々運営する利用料、プラットフォームの料金です。

ふたつめはコンテンツ（電子書籍）の購入費用。オーダリングシステム上で予算を設定し、コンテンツを選書し、買ってください、というものです。

—— **図書館が負担する費用の目安はありますか？**

人口規模に応じて設定しています。目安ですが、10万人規模の図書館であれば、初期

図表2　LibrariE選書オーダリングシステム

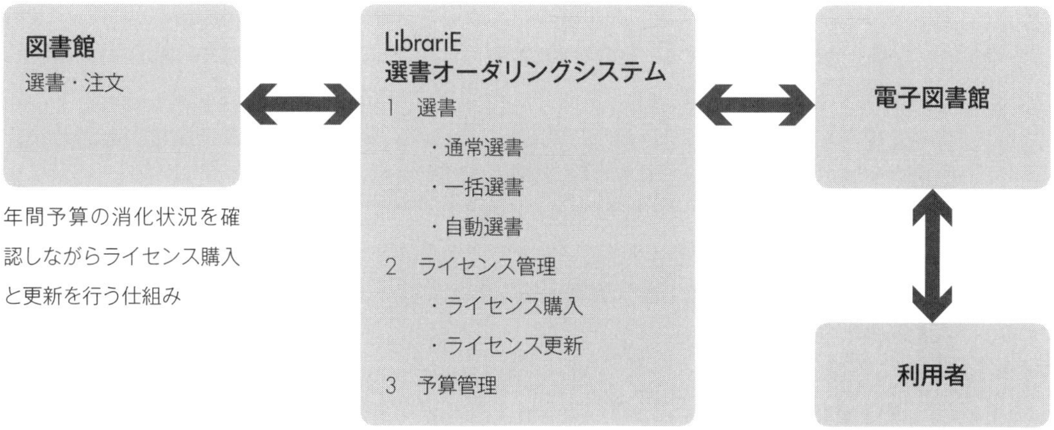

図表3　ワンコピー・ワンユーザ型の販売価格

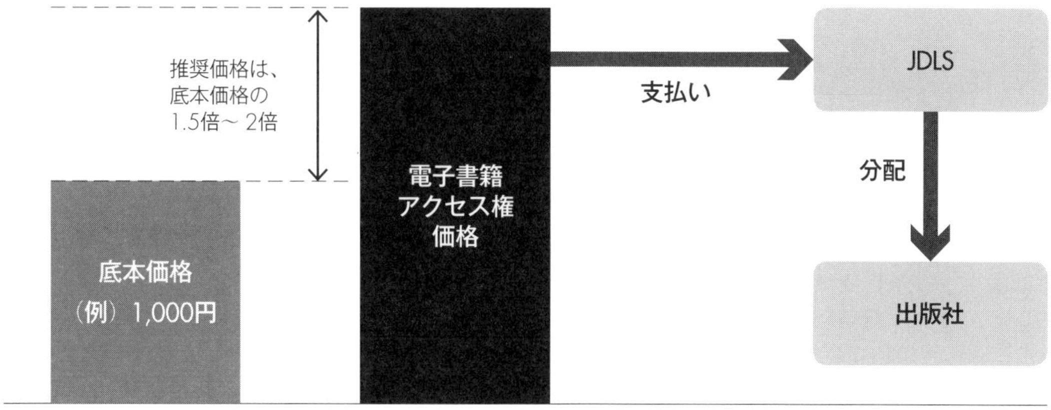

図表4　都度課金型の販売価格

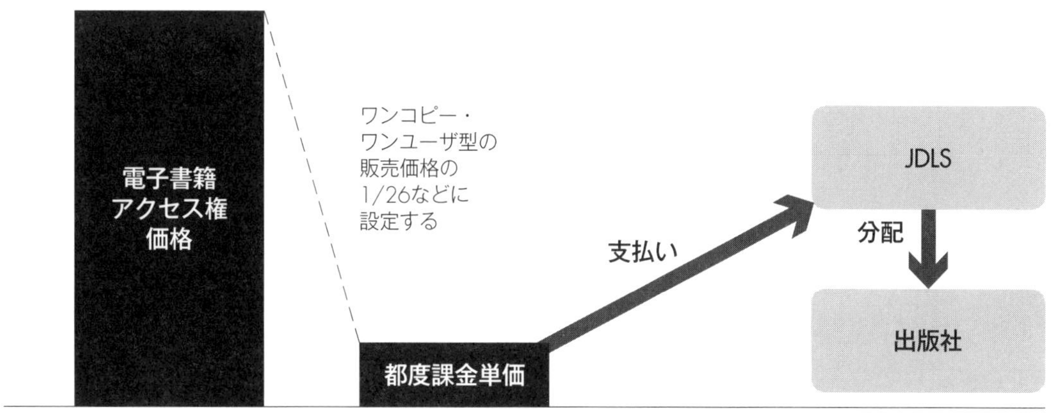

費用は数十万円で、月々の運営費は数万円といったところです。プラットフォームではまったく我々が利益できる構造ではなく、その上に載せるコンテンツを買ってもらって、そのうえで我々にプラスαの利益が出ると考えています。

—— では、出版社は図書館に販売する電子書籍をどれくらいの価格に設定されると考えていますか？

個人向け電子書籍は紙の本と同等、もしくはやや安めの価格設定をして販売されているのが現状です。それについては、個人的には、紙の本と違って所有権が発生せず、利用権であるため、多少安いのは合理的だと思っているんです。

しかし図書館の場合は、ある期間、複数の人に貸し出すことを目的にするため、当然紙の本より少し高く設定されるべきだと考えています。いまは、1 冊あたり 1.5 倍から 2 倍くらいの値付けをしていただけると妥当なのではないかというアドバイスをさせていただいています。

1.4.8 今後の展望

—— 電子図書館だけでなく、図書館全体にいえることだと思いますが、多くの図書館では、紙の本はその図書館がもっている本しか検索できない。世の中には何百万タイトルもあります。一部の大学図書館では所蔵している、していないに関わらず、すべての書籍の検索ができるところもある。検索結果には、自館がもっているもの、もっていないものと表示できるようになっているようなんです。これは電子もじつは同じ問題で、自館で買ってない電子書籍も検索できたほうがいいのではないでしょうか。

そうですね。電子図書館システムを開発しているときに、JDLS が許諾を受けた本はすべて利用者が検索できたほうがいいのではないかという話も出てきました。その図書館が持っていなくても読みたかったらリクエストを出せばいいのではという構想があったんです。考え方まである程度まとめたんですが、結局、次の開発に、としました。

その理由は図書館が利用者からリクエストが出たときに、そのあとの図書館のアクションをどうするのかがもうひとつつかめていなかったからです。リクエストがあったのに、買わなかったら意味がない。リクエストがどう購入につなげられるのかがまだ想定できず、次の開発にまわしました。

しかし、個人的には、すべての電子書籍を検索ができたほうがいいと思いますね。インターネットの世界では、検索で出てこないものはないものになってしまっていますから。

それから、今後の課題としては、本の全文検索もあります。いまのところは、1 冊の書籍の全文検索しかできませんが、いずれ所蔵している電子書籍を横断した全文検索ができるようになれば、とくに大学図書館などでは利便性が高まると考えているので、いつかやりたいと思っています。

—— 今後、考えていらっしゃることはありますか？

我々はいま 3 つのビジネスモデルでやっていますが、今後ずっとその 3 つで固定させる必要はないと思ってるんです。出版社から、こういうモデルを扱ってくれないかという声があれば、それはしっかり検討して、必要なら導入しようと思っています。

たとえば出版社さんが買い切りはいやだけれど、5 年だったらいい、とか。5 年たてば本としては消化しているでしょう、と。あるいはたとえば1年でやりたいということがあるかもしれません。
今年の春にスタートしたLibrariEは、コンテンツも揃いはじめ、導入予定の図書館も徐々に増え、いよいよ本格的に動き始めたところです。コンテンツを提供する出版社、導入する図書館、それぞれのサイドの声を聞きながら、検討を続けていきたいと思っています。
JDLSは、図書館も納得でき、出版社も納得できる、電子図書館における新たなルールを提案していきたい。それが結果的には利用者にとっても利便性があがると考えています。

2

第2章

「公共図書館の電子図書館・電子書籍サービス等のアンケート」の概要と考察

第2章では、「公共図書館の電子図書館・電子書籍サービス等のアンケート」の回答結果から主要な課題を抽出し、考察を行った。昨年の結果を踏まえ、今回はあらたに電子書籍費用の会計処理がどうなされているかを質問に加えたことを特筆しておきたい。なお、アンケートの全結果については、p61第3章を参照いただきたい。

2.1 調査の背景

電子出版制作・流通協議会（以下、電流協）では、「公共図書館の電子図書館・電子書籍サービス」の調査を、2015年4～5月に実施した。

電流協では「電子書籍に関する公立図書館での検討状況」について実態を把握するためにアンケート調査を2013年から実施しており、今回で3回目となる。公共図書館の電子図書館サービスについては、公共図書館の基本調査として知られている文部科学省『社会教育調査』や、日本図書館協会『日本の図書館』においても調査は行われていない。このような中で、第1回となる2013年には、公共図書館360館を対象に、主に「公共図書館の電子書籍サービス」について検討状況を中心に調査を実施し、折からの電子書籍ブームもあって注目されることとなった。2014年には、全国の自治体が設置するすべての中央館1,352館に対して調査対象館を拡大し、「電子図書館サービス」及び「電子書籍サービス」について実施した。

今回の調査では、前回に引き続き「電子書籍サービス」を「電子図書館サービス」の一つとして位置づけ、さらに「郷土資料の電子化」や「デジタルアーカイブの実施状況」、「国立国会図書館の図書館への配信」についても調べることとなった。昨年のアンケート依頼は、年度をまたがった2～4月での調査だったこともあり、年度予算による電子図書館状況が図書館の回答時期によって異なることとなった。このため今回のアンケートの調査依頼は、4～5月に実施した。アンケートの依頼館は昨年と同じ1,352館で、回答数は対前年約5%の増加となった（詳細は「2.2　調査の目的と方法」に記載）。

なお、本調査は電流協が主として行っているが、日本図書館協会及び国立国会図書館の協力を得て実施している。

以下、本章では公共図書館を「図書館」と略して記載する。

2.2 調査の目的と方法

※図表の%は小数点以下四捨五入とした

この調査の目的は、公共図書館における電子図書館サービス、電子書籍貸出サービス、デジタル化資料の保存・閲覧、さらに国立国会図書館による「図書館向けデジタル化資料送信サービス」の対応状況について、把握することである。
調査項目は、以下の11項目である。

① 図書館の新設、図書館システムの更新等について
② 電子書籍サービスの実施状況について
③ 図書館における「デジタルアーカイブ」の取扱いについて
④ 国立国会図書館「デジタル化資料送信サービス」（2014年1月開始）に対する対応について
⑤ 電子図書館サービス・電子書籍サービスで導入・検討しているサービス内容について
⑥ 電子書籍サービスの対象層について
⑦ 電子書籍サービスにおいて望まれる出版分野について
⑧ 電子書籍サービスにおいて期待している機能等について
⑨ 電子書籍サービスで懸念されている事項について
⑩ 地域の小中高等学校の図書館（図書室）への支援・連携状況について
⑪ その他ご意見など

調査は、2015年4～5月にかけて全国の公共図書館の中央館1,352館に回答を依頼した。中央館の設置自治体別内訳は、都道府県立図書館47館、政令市立図書館20館、東京都特別区立図書館23館、市町村立図書館1,262館である。
この結果、1,352館のうち791館の図書館から回答があり、回収率は約59%であった。
本調査の回収状況において特に特徴的だったのは、都道府県立及び政令指定都市の図書館の回答が約95%と高かったことである（図表1）。この点から、都道府県立図書館の電子書籍に対する関心が高いことが推察される。

図表1　自治体別アンケート回収率（n=1,352）

図書館所在の自治体区分	送付数	回答数	回収率
(1) 都道府県立図書館	47	44	94%
(2) 政令市立図書館	20	19	95%
(3) 特別区（東京都）立図書館	23	13	57%
(4) 市町村立図書館	1,262	715	57%
合計	1,352	791	59%

2.3 アンケートの主な結果と考察

ここではアンケート結果のうち、電子書籍サービスを中心に、特徴的な結果について取り上げることとする。

2.3.1 電子書籍サービスの現況

【質問 3-1】では、「電子書籍サービスへの取組状況」について質問している。
その結果、「電子書籍サービスを現在実施している」が 54 館（回答館の 7 %)、「実施していない」が 732 館（回答館の 73%）であった（図表 2)。実施していると回答した 54 館に対しては、引き続き【質問 4】以降で、提供している電子書籍サービスについて質問した（複数回答可)。
約半数の 29 館が「外部業者提供の電子書籍サービス」を取り入れており、約 6 割にあたる 32 館が「自館で独自の電子書籍サービス」を実施している。両者を取り入れている図書館が複数館ある（図表 3)。
【質問 4-2】で導入目的を自由記述で回答してもらった。従来から指摘されているように「来館できない方々へのサービス」が多いことは、電子書籍の特徴からもうなずける点である。これに加え、「郷土資料」や「貴重資料」についての保護・保管および閲覧が多かった。
【質問 4-4】では、提供タイトルは、市販電子書籍や自館独自タイトル以外では、「国立国会図書館」や「青空文庫」「DAISY」などの活用がみられた。
一方、【質問 5-1】で電子書籍サービスを実施していない 732 館のうち、「電子書籍サービスの導入を具体的に検討している」「具体的ではないが導入する予定がある」と回答した館をあわせると 155 館（21%）となった（図表 4)。「電子書籍サービスを実施する予定がない」という館は 575 館で、回答全体の 8 割近くを占めていた。
ただし注意すべき点として、公共図書館における「予定する」とは、年度内で予算化が決定した場合を指すことが一般的である。実際、昨年の調査報告会で、公共図書館担当者から、「公共機関では、具体的に検討が行われていたとしても、予算化されていない段階では決定していない状態であり、数年後の予定については、予定がないと答えることになる」という発言があった。このことから、水面下での検討は進んでいることも予測される。これにはヒヤリング等を実施して、実態を把握することが課題である。
前著において、筆者らは、電子書籍サービスの導入を促進するために、会計基準を明確にすることの必要性を指摘した。そこで今回のアンケートでも、【質問 4-16】で導入館に対して電子書籍コンテンツに関する費用の会計処理について質問した。回答中 11 館と一番多かったのが、書籍同様に図書館資料として「備品扱い」するという図書館である。アンケート結果では、備品扱い以外では、消耗品扱い、使用料等の役務費、

図表2　電子書籍サービスの現況について（n=791）

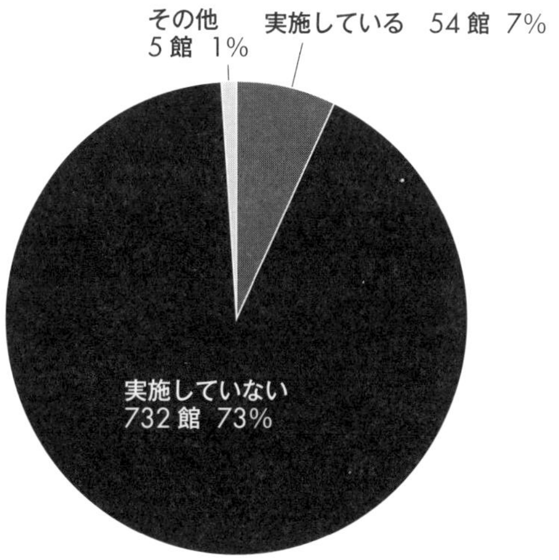

図表3　提供している電子書籍サービスの種類（回答館数54館、複数回答あり）

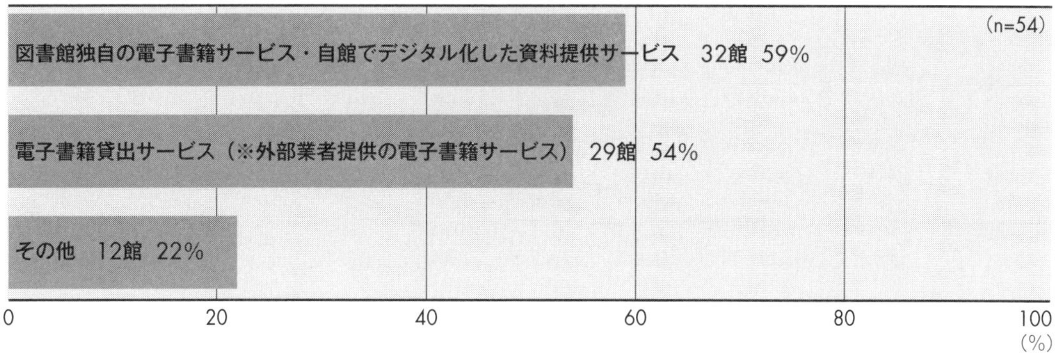

図表4　電子書籍サービスの実施予定（n=732）

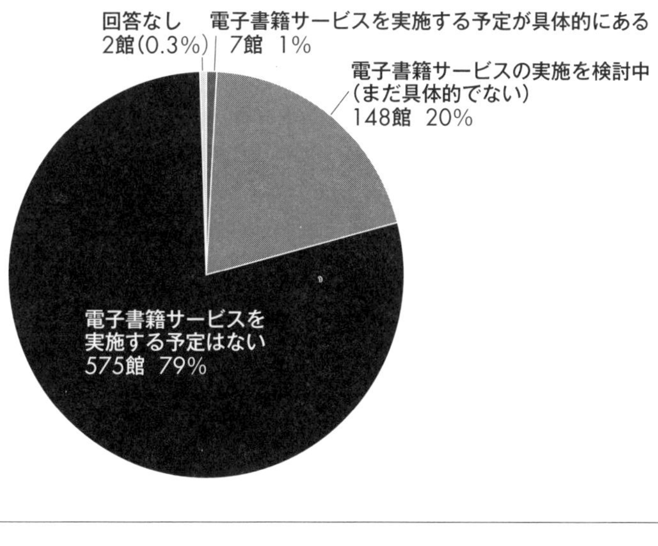

賃借料など、図書館ごとに会計処理が異なっていることが明らかになった（図表5）。
言うまでもなく、電子書籍は物質性のないデジタルコンテンツであって、固定資産とする書籍のように備品扱いすることには無理がある。しかし、運用実態としてDVDに備品ラベルを貼って台帳に登録しているという例もある。実際、筆者らが行った電子書籍サービスベンダーに対するヒヤリングでも、サービス契約時に、電子書籍コンテンツをDVDに収納して納品することを求められたという事例もあった。

2.3.2 図書館における「デジタルアーカイブ」について

(1) 図書館のデジタルアーカイブの実施について

【質問6】では、昨年同様、デジタルアーカイブの状況について質問した。
デジタルアーカイブの提供を実施している図書館は122館、試験的に実施している図書館が22館で、あわせて144館である。また、実施の予定がない図書館は529館あり、全体の7割弱となった（図表6）。
なお、この質問では、各図書館で扱う、あるいは想定するデジタルアーカイブの対象が異なっていることが考えられる。
一般に、地域に密着した公共図書館に求められる役割として、郷土資料、行政資料、貴重書など所蔵資料の保存や閲覧がある。図書館法第2条に規定されている図書館設置の目的が「図書、記録その他必要な資料を収集し、整理し、保存して、一般公衆の利用に供し」とあるように、自治体が所蔵する資料を広く一般公衆の利用に供し、さらに使用や経年変化から守るためにも、所蔵資料のデジタルアーカイブ化を進めることは、図書館の重要な役割である。今後、自館内でのデジタルアーカイブを定形業務化する必要があろう。デジタルアーカイブに対応した図書館は微増傾向であるが、今後の拡大に期待したい。
また、図書館に所蔵されているのは紙の書物や資料以外にも、マイクロフィルムや、カセットテープ等の音声資料等がある。これらを永続的に保管し、広く利用に供するために、デジタル化することも必要である。

(2) デジタルアーカイブを実施している図書館のデジタル化点数について

【質問6-2】では、デジタルアーカイブを実施している（試験的に実施している、を含む）図書館に「デジタル化した資料点数」を調査した。
その結果、図書館が独自にデジタル化した件数は、1万件以上アーカイブをしている図書館が16館、1千件～1万件未満が26館、100件以上1千件未満が51館、100件未満が52館だった。100件以上のアーカイブ化を実施している図書館が93館で、昨年同様今回も100館に満たない現状だった（図表7）。

(3) デジタルアーカイブの課題について

【質問6-4】では、「自館のデジタルアーカイブの課題点」について質問した。
回答した図書館が666館あり、実に84%の図書館が課題を抱えていることがわかる。
その内容としては、「デジタル化予算措置」70%、「担当者、人材不足」57%、「資料を

図表5　電子書籍コンテンツに関する費用の会計処理について（回答館数39館、複数回答あり）

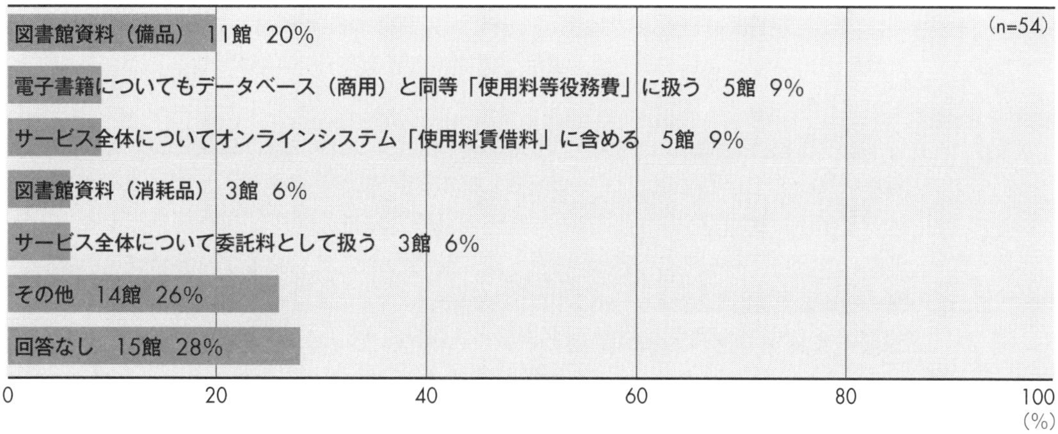

図表6　図書館における「デジタルアーカイブ」の状況について（回答館数778館、複数回答あり）

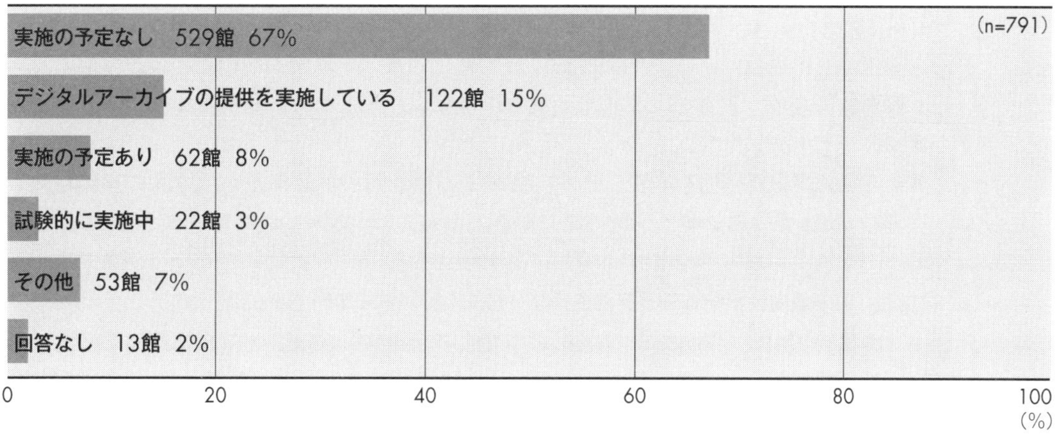

図表7　図書館において、独自にデジタル化した資料点数

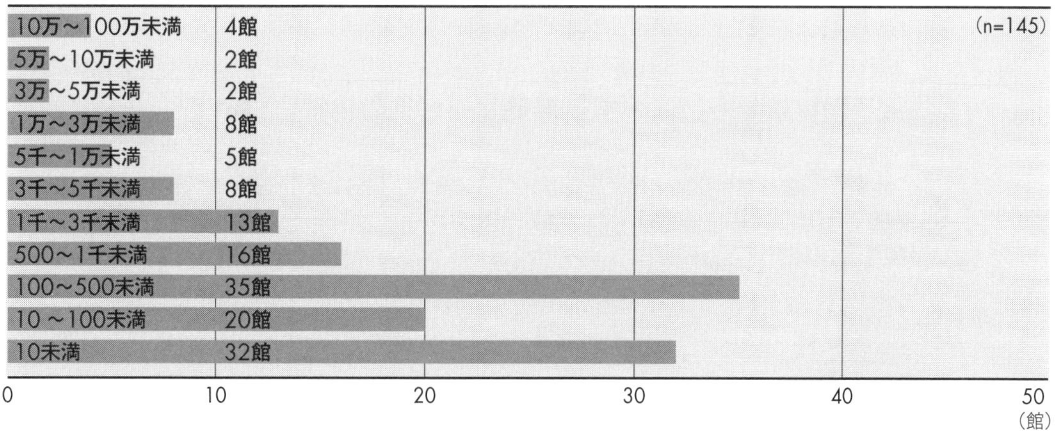

デジタル化するための環境」52%、「デジタル化のための十分な知識や経験がない」51%などであった（図表8）。
この結果をみた限りでは、前回同様「デジタル化予算が実施されない」「デジタル対応の担当者がいない」「資料デジタル化の環境整備が立ち上がっていない」などの現場状況がよくわかる。
ただ、情報機器の発達に伴いデジタルアーカイブの制作環境は急速に進展している。原本を保存していることから、必ずしも堅牢で品質の高いデジタルアーカイブである必要もない。制作コストの低下、制作の容易性、品質の向上、保存環境の変化などを考慮した場合、むしろ手間をかけず、安く使いやすいデジタルアーカイブの構築を目指すことも考えられる。
また必ずしも国立国会図書館のデジタルアーカイブ保存フォーマットであるJPEG2000である必要もない。現場に即したアーカイブの構築が求められている。

2.3.3 スタートした「図書館向けデジタル化資料送信サービス」について

(1)「図書館向けデジタル化資料送信サービス」への対応について

【質問7-1】において、昨年同様に国立国会図書館による「図書館向けデジタル化資料送信サービス」に関して質問している。
現時点で実施しているのが135館、今年度及び来年度以降での申し込みを検討しているのが169館、現在のところ申し込む予定なしと答えた図書館が全体の約5割の420館だった（図表9）。
サービス開始から、1年以上たち、初年度の導入館の実績も上がってきて判断材料もそろってきた。それでも半数の図書館が未だ導入予定がないとしているのである。

(2)「図書館向けデジタル化資料送信サービス」の課題について

【質問7-2】では、「2015（平成27）年度および2016（平成28）年度以降に申し込みを検討」と答えた169館に対して、申し込みをするにあたっての課題について質問した。
その結果、「規則類が整っていない」と回答した図書館が106館で63%、次に「機材環境がない」60%、「申し込みの手続きが複雑」40%「サービス担当者がいない」29%などであった（図表10）。
課題を聞くと、かなりの確率で、予算、人材、機器についてネガティブな要素が指摘される。しかしながら、導入館が必ずしも予算、人材、機器に余裕があったわけではない。導入に対して前向きな対応も求められるだろう。

2.3.4 電子図書館サービス・電子書籍サービスの現状について

(1) 電子図書館サービス・電子書籍サービスで導入・検討しているサービスについて

【質問8-1】では、電子図書館・電子書籍サービスをすでに導入、もしくは検討している項目について質問した。
回答数は519館で、そのうち「国立国会図書館からのデジタル化資料送信サービス」

図表8 「デジタルアーカイブ」の課題（回答館数666館、複数回答あり）

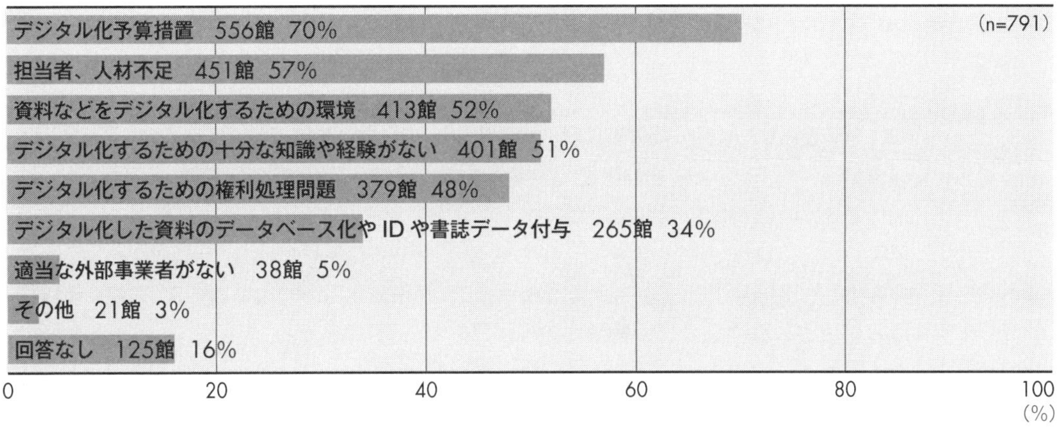

図表9 国立国会図書館による「図書館向けデジタル化資料送信サービス」の対応について（n=791）

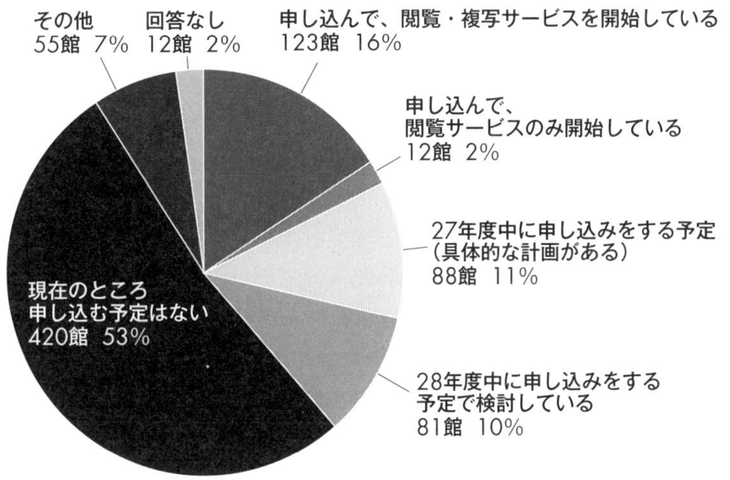

図表10 「図書館向けデジタル化資料送信サービス」の課題について（回答館数169館、複数回答あり）

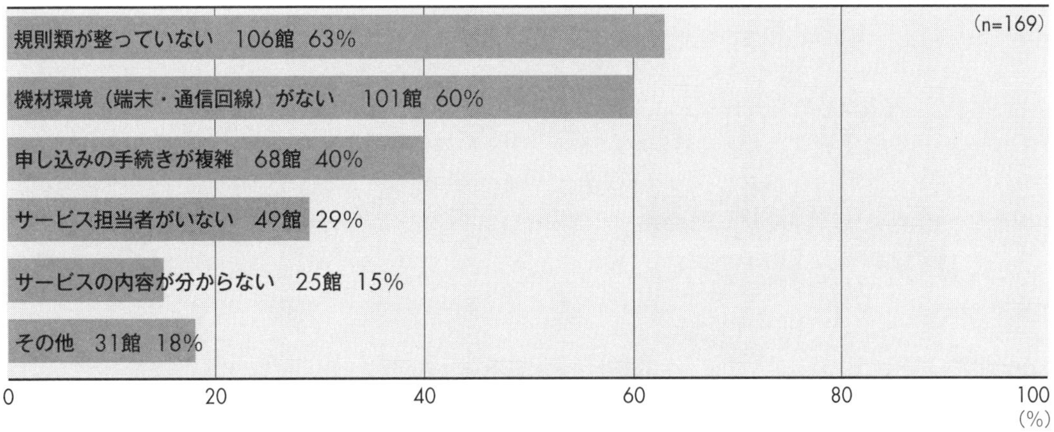

の導入・検討があると回答した図書館が260館で33%、「外部事業者提供のデータベースサービス」が242館で31%「自館デジタルアーカイブ」が234館で30%、「DAISY図書サービス」が203館で26%、「電子書籍貸出サービス」が134館で17%だった（図表11）。

（2）電子書籍サービスの提供対象者について

【質問9-1】では、「電子書籍を提供する主な対象者」について聞いた。

回答館数は695館で、「図書館利用に障がいのある人」65%、「ビジネスパーソン」64%、「学生（大学生等）」59%、「非来館者（これまで図書館を利用しなかった、出来なかった住民の方）」58%、「高齢者（65歳以上）」54%の順であった（図表12）。この順は昨年実施した調査の結果とほぼ同様である。

今のところ、電子書籍サービスは主に図書館から遠い距離の住民や障がい者・高齢者などの、アクセシビリティの向上が期待されている。一方、図書館の非来館者サービスとしては、自宅やモバイル環境での読書に対する利用者要望もあるだろう。これについては、電子図書館システムや運用上の契約など、実現のためには解決すべき課題も多く、利用者の要望とは裏腹に、図書館現場では導入意識が低いと考えられる。

（3）図書館の電子書籍提供で望まれる分野について

【質問10-1】では、電子書籍等の提供を自館で実施している、または実施したいサービスについて、例示の中から複数回答として聞いた。

最も多かったのは、国立国会図書館提供の「デジタル化資料送信サービス」で、420館、全体の53%だった。また「自治体の広報、資料等の提供サービス」についても363館、46%だった。「電子書籍（商用＝著作権が有効）」の実施（実施希望も含む）も、334館で半数近い（図表13）。

また【質問10-2】においては、電子書籍貸出サービスで提供される分野について、優先度が高いものを複数選んでもらったところ、「文芸書」が最も多く、回答数の56%を締めていた。また「実用書」や「ビジネス書」および「図鑑・年鑑」も回答数の半数近くを占めている。なお、一般の電子書籍市場では、コミックと写真集の販売額は大きいが、図書館における選書方針を反映して要望は低くとどまっている（図表14）。

この結果をみる限りでは、図書館利用者の要望というよりも、主に内部理由から選択されていることがうかがえる。今後、電子書籍の市場が広まることで、利用者からの要望も図書館に寄せられることになる。

一例をあげると、人気作家初の電子書籍として村上春樹『村上さんのところ』（新潮社、2015）が書籍版とともに刊行された。この作品はウェブページでの連載をまとめた本であるが、電子書籍版はコンプリート版と称してほぼ全連載を掲載し、ダイジェストされた書籍版よりも掲載内容が多い。すぐに対応するための環境は整っていないが、電子書籍版を読みたいという図書館利用者の声も増えることが予想される。図書館側の対応が問われることになる。

図表11　電子図書館·電子書籍サービスで導入·検討しているサービス（回答館数519館、複数回答あり）

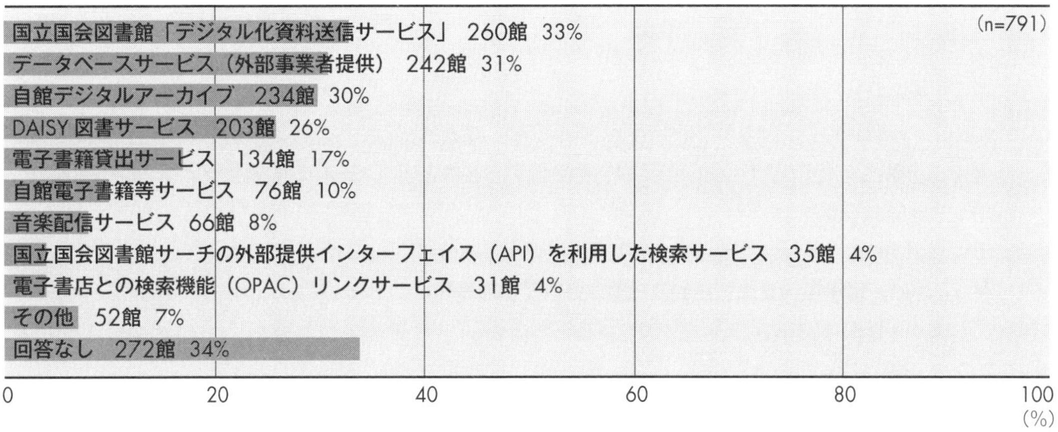

図表12　電子書籍提供の対象について（回答館数743館、複数回答あり）

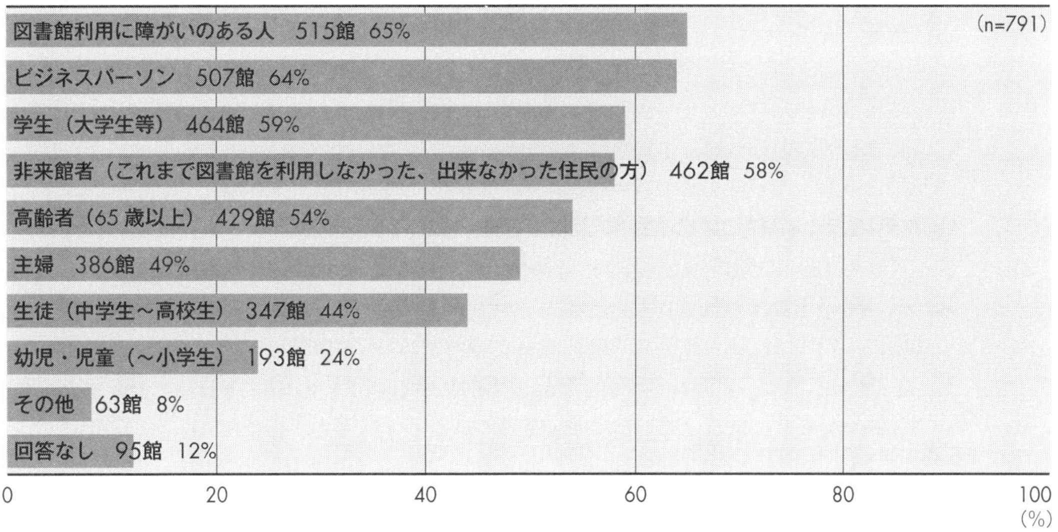

図表13　電子書籍などの提供を自館でしている、または実施したいサービス
（回答館数654館、複数回答あり）

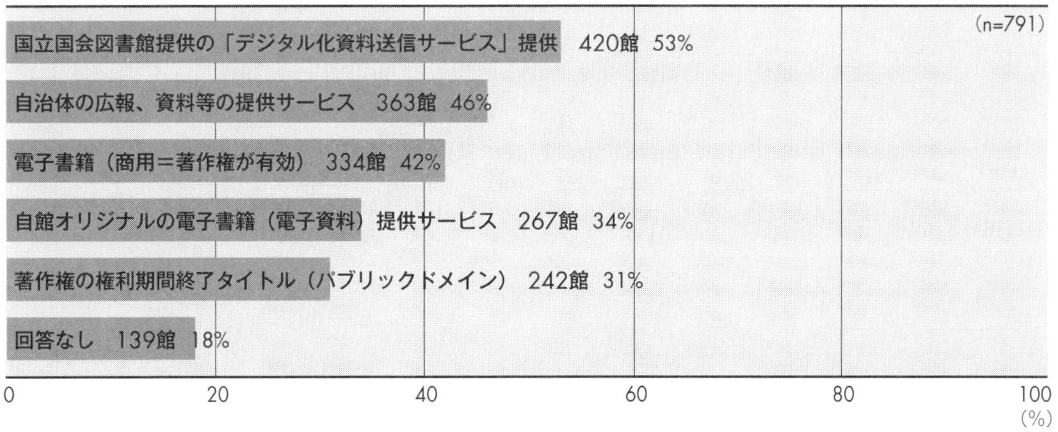

⑷ 図書館の電子書籍サービスにおいて、期待している機能等について

【質問 11-1】では、電子書籍で期待している機能の選択を依頼した。

最も多かったのは「文字拡大機能」である。それ以外にも「音声読み上げ」「文字と地の色の反転機能（読書障がい対応）」など、アクセシビリティ機能への要望が高いのは従来同様である（図表 15）。

なお、視覚障がい者や弱視者の多くは、事故や病気、高齢のために視力を失った人が多い。高齢化社会の中で、利用者側からのアクセシビリティ機能への要望も高まることが予想される。

⑸ 電子書籍貸出サービスで懸念されている事項について

【質問 12】の「1」「2」は、電子書籍貸出サービスに取り組む上での懸念や課題事項について聞いた。

懸念されることでもっとも多かったのは「コンテンツの価格」で 453 館、57%と、「提供されているコンテンツが少ない」の 446 館、56%だった（図表 16）。

コンテンツ以外のサービス導入課題として、最も多かったのが「電子書籍サービス維持の予算の確保」で 587 館、74%である。続いて「サービスを導入するための十分な知識（経験）がない」が 439 館、55%、「電子書籍サービスが継続されるかどうか（サービス中止に対する不安）」が 375 館、47%であった。今後、利用者の要望が高まることが想定される中で、いつまでも図書館側が「予算」や「知識」など内部理由を課題としてあげているわけにはいかないことも指摘しておく（図表 17）。

⑹ 地域小中高等学校の図書館（図書室）への支援について

【質問 13-1】では、公共図書館における地元の小中高等学校への支援状況を聞いた。

紙の資料・書籍の貸借などが支援活動の中で最も多く 711 館、90%であった。電子書籍については、導入館で試みが始まった段階である（図表 18）。

ただし、これだけでは、積極的な支援活動が行われているのは不明であり、実態が明らかになったとは言い難いところである。

⑺ 全体を通しての意見

【質問 14】で、最後に全体を通しての意見を聞き、25 館から意見が寄せられた。代表的な意見を要約して紹介する。

「将来、紙の書籍はなく、電子書籍のみの資料がでてくれば、図書館、出版者の思惑にかかわりなく利用者からの求めに応じて導入せざるを得ない時期がくる」など、今後、利用者からの電子書籍に対する要望が高まるのは必至で、それに対応していく必要があるという意見が 2 件あった。

「古い町史などをデジタル化しなければと思っているが、知識と費用の面でもすすまない」「日々の業務に追われデジタル資料に関して勉強不足だが、障害者サービスの面からも今後取り入れる必要があり、予算などに関しても学んでいきたい」など、このような知識と予算不足を指摘する声は数多かった。

図表14　電子書籍で提供したい書籍や資料の分野について
（回答館数680館、選択肢から上位7つまで選択の複数回答）

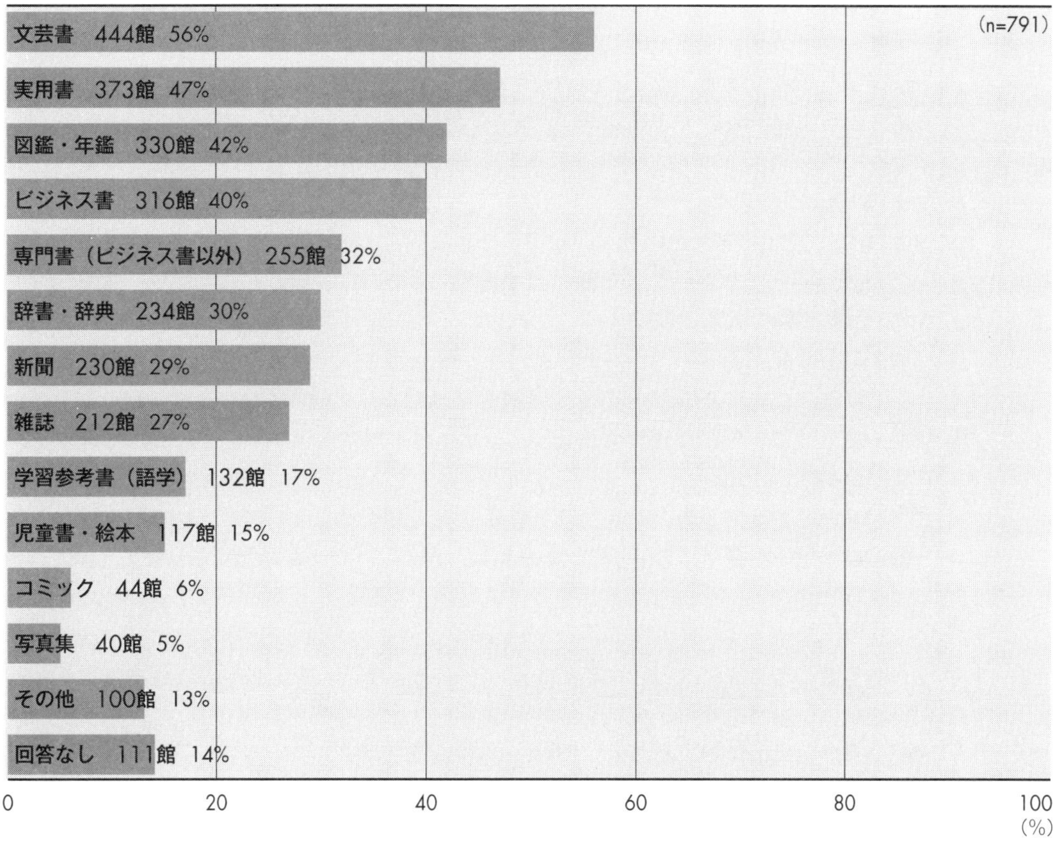

図表15　電子書籍サービスに期待している機能について（回答館数714館、複数回答あり）

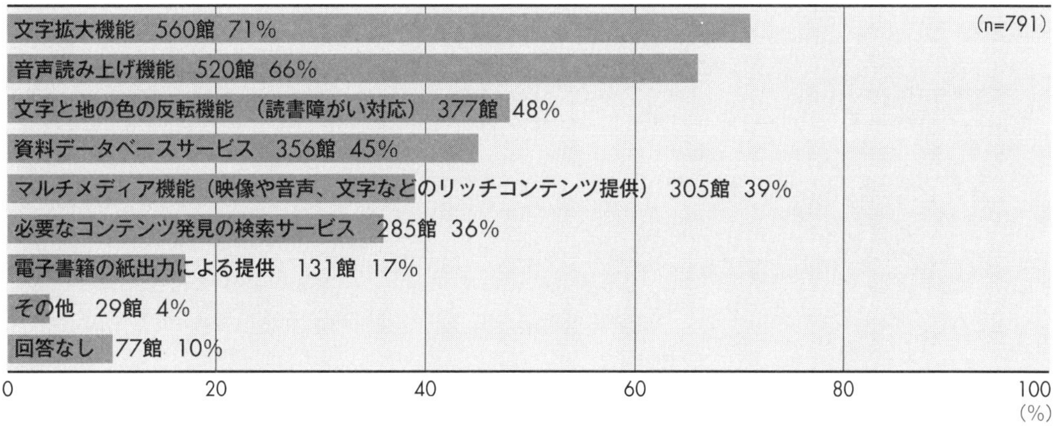

この状況に加え、「小さな町の図書館は予算確保がむずかしく、すべて手作業で行っている状況だ。電子化部分については、国などの相当な補助金がない限り進展しないのではないか」「自治体の予算は、耐震補強など火急の案件が先であり、地域資料や貴重資料のアーカイブなどのデジタル化予算など不急の業務はあとであり、そんななかでは発展してゆくはずがない。国が大きなビジョンを描いた上で進めてゆくべき業務である」など、実現に向けて国の特別な予算化や制度設計を求める声もあった。

また、「電子書籍の現状、導入の具体例をもっと知りたい」といった情報や知識の共有を求める声もあった。

さらに、「行政白書・統計等は、紙での提供を中止・縮小して、インターネットだけでの公開が増えており、電子書籍サービスの先端をいってるともいえるが、情報へのアクセスがインターネット利用者に限られたり、過去の資料を見ることができなくなる等の問題もある。インターネットだけで公開される資料類をいかに覚知し、収集・保存し、閲覧に供していくのかが課題」や、「調べ学習時における学校等への貸出が、電子書籍で一度に複数の学校で利用できればサービスが大幅に向上する」といった今後の課題、要望があげられた。

アンケートで見てきたとおり、電子書籍の普及がすすまない理由として、人材や予算、知識の不足を指摘する声は、現状あいかわらず多い。たしかに指摘されたように、日々の業務に追われ、なかなか手が回らないというのもその通りだろう。また予算規模の小さな図書館では、電子書籍導入にあたっては行政の理解や判断が当然求められる。

一方、電子書籍を導入した図書館を見てわかるように、必ずしも行政の指示で導入したというわけでもなく、人材・予算が潤沢だったわけでもない。むしろ現場の図書館員からの強い提言や活動によって実現に至った例も多い。

アンケートから直接読み取ることはできないが、電子書籍サービスの導入において、図書館が変化することへの抵抗感や、無理解もそこにはあると思われる。今後、ヒアリング等で実態をあきらかにしていきたいと考える。

図表16　電子書籍貸出サービスの懸念（回答館数702館、複数回答あり）

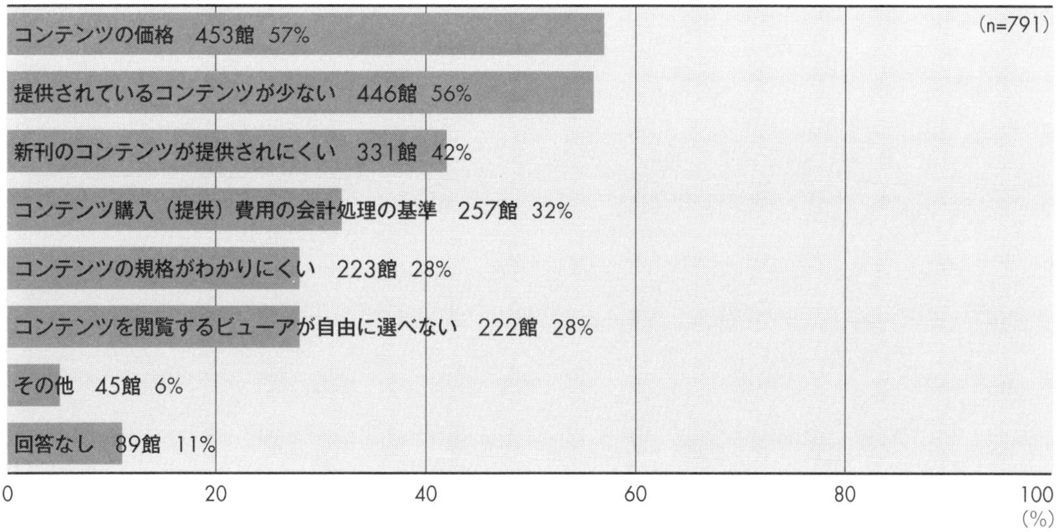

図表17　コンテンツ以外の電子書籍サービス導入への課題（回答館数726館、複数回答あり）

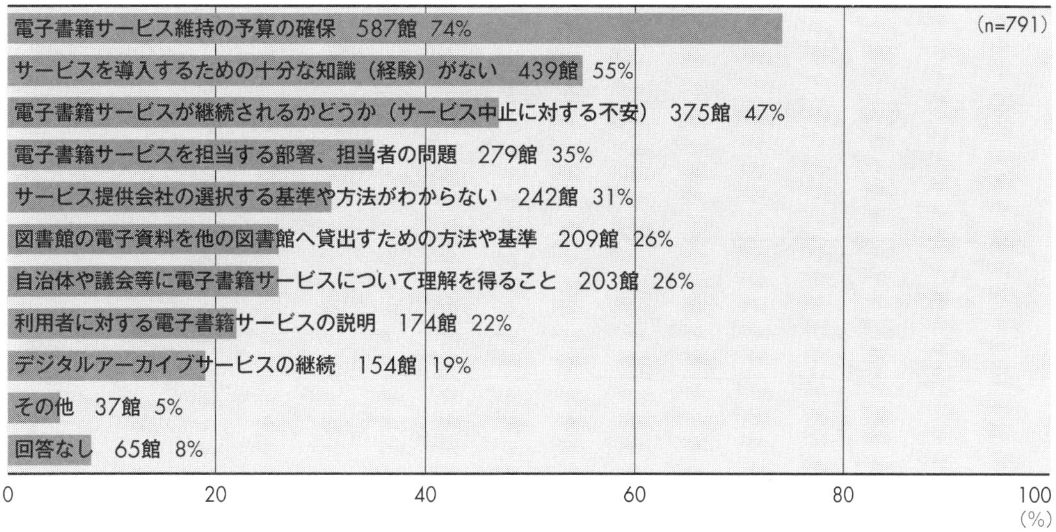

図表18　学校図書館への支援状況（回答館数767館、複数回答あり）

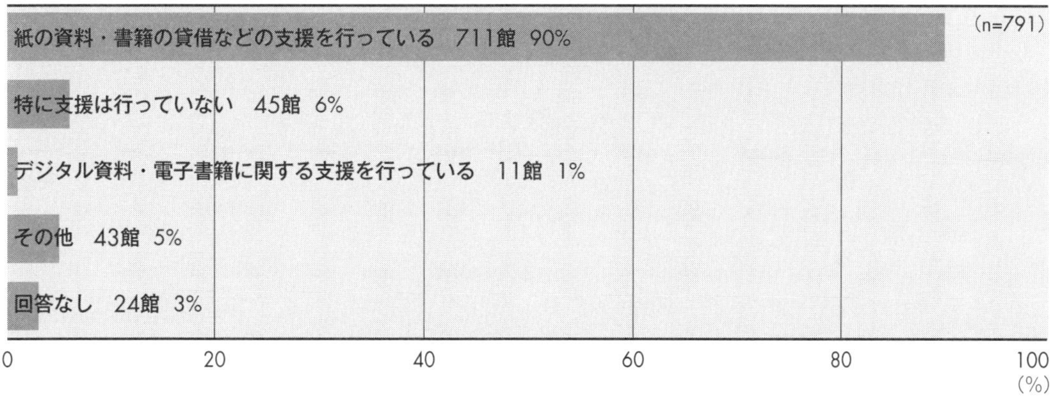

3

第3章

「公共図書館の電子図書館・電子書籍サービス等のアンケート」［2015年5月］集計結果

電子出版制作・流通協議会が、国立国会図書館、日本図書館協会の協力を得て、2015年4月～5月に行ったアンケート調査の回答の全文である。
全国の自治体が設置するすべての公共図書館の中央館1,352館を対象に、回答を得た791館の結果を集計したものである。
自由記入も、個別の図書館名は地方名／市区町村別に置き換えて、すべて掲載している。

アンケート質問と集計結果

※%は小数点以下四捨五入とした

【質問 1-8】 図書館所在の自治体区分についてご選択下さい（一つ選択）
（1）都道府県立図書館　（2）政令市立図書館
（3）特別区（東京都）立図書館　（4）市町村立図書館

●集計結果

	送付数	回答館数	回答率
（1）都道府県立図書館	47	44	94%
（2）政令市立図書館	20	19	95%
（3）特別区（東京都）立図書館	23	13	57%
（4）市町村立図書館	1,262	715	57%
合計	1,352	791	59%

【2】図書館の新設、図書館システムの更新等について

以下の質問 2-1 ～ 2-6 につきましては、お答えいただけるところがありましたらお願いします　※ご回答なしでも結構です

【質問 2-1】 図書館の新設予定がありましたら、選択肢からご選択下さい
（1）中央館の新設（改築更新）予定あり　（2）分館の新設予定あり
（3）特に新設予定なし　（4）その他

●集計結果

	回答館数	/791
（1）中央館の新設（改築更新）予定あり	50	6%
（2）分館の新設予定あり	18	2%
（3）特に新設予定なし	672	85%
（4）その他	26	3%
合計	766	97%
回答なし	25	3%

【質問 2-2】 図書館のリニューアルの予定がありましたら、選択肢からご選択下さい
（1）中央館のリニューアルの予定あり （2）分館のリニューアルの予定あり
（3）特にリニューアルの予定なし （4）その他

●集計結果

	回答館数	/791
(1) 中央館のリニューアルの予定あり	38	5%
(2) 分館のリニューアルの予定あり	27	3%
(3) 特にリニューアルの予定なし	648	82%
(4) その他	27	3%
合計	740	94%
回答なし	51	6%

【質問 2-3】 質問 2-1、2-2 の質問で図書館新設・リニューアル計画がある場合、いつごろオープンする予定か、選択肢からご選択下さい
（1）平成 27 年度 （2）平成 28 年度 （3）平成 29 年度
（4）平成 30 年度 （5）平成 31 年度以降

●集計結果（回答館数 135 館～複数回答あり）

	館
(1) 平成27年度	30
(2) 平成28年度	41
(3) 平成29年度	26
(4) 平成30年度	15
(5) 平成31年度以降	33
合計	145

【質問 2-4】 現在の図書館システムを更新した時期について、選択肢からご選択下さい
（1）平成 26 年度 （2）平成 25 年度 （3）平成 24 年度
（4）平成 23 年度 （5）平成 22 年度 （6）平成 21 年度以前

●集計結果（回答館数 738 館～複数回答あり）

	館
(1) 平成26年度	132
(2) 平成25年度	125
(3) 平成24年度	122
(4) 平成23年度	133
(5) 平成22年度	114
(6) 平成21年度以前	119
合計	741
回答なし	50

【質問 2-5】 図書館システムの更新予定について、選択肢からご選択下さい

（1）平成 27 年度　（2）平成 28 年度　（3）平成 29 年度
（4）平成 30 年度　（5）平成 31 年度以降　（6）未定、その他

●集計結果（回答館数 744 館）

	回答館数
(1) 平成27年度	113
(2) 平成28年度	135
(3) 平成29年度	102
(4) 平成30年度	79
(5) 平成31年度以降	113
(6) 未定、その他	202
合計	744
回答なし	47

【質問 2-6】 上記 2-1 ～ 2-5 の質問についてご意見等ありましたら、ご記入下さい

［記入 35 館］

北海道・東北	市町村立	［質問2-1］現時点では詳細不確定
北海道・東北	市町村立	［質問2-4］［質問2-5］平成27年度4月にシステム更新済
北海道・東北	市町村立	図書館システムはH13年導入後、更新はしていない
北海道・東北	市町村立	図書館システムを導入しておりません
北海道・東北	市町村立	26年度に新設
北海道・東北	市町村立	平成27年7月に新館オープン
北海道・東北	市町村立	平成22年5月29日新設オープン
北海道・東北	市町村立	図書館システムの更新予定について。新図書館オープンに伴い、当館は閉館となるため、 当館における図書館システムは終了となります
北海道・東北	市町村立	［質問2-1］建設の構想はあるが、具体化していない状態です
北海道・東北	市町村立	当町は原子力発電所事故で全町避難しており、図書館は休館中である
関東	市町村立	今年度1地区で機器の更新を予定しています
関東	市町村立	［質問2-5］図書館システムの更新予定。図書館システムは5年リースであるが、その後は再リースするか更新するかは予算の兼ね合いもあり未定
関東	市町村立	［質問2-5］5月12日現在更新済みです
関東	市町村立	［質問2-4］平成27年度です。選択肢が平成26年度までしかありませんでしたので、こちらに記入させていただきました
関東	特別区立	中央館の改築方針はあるが、具体的に改築か新築移転かなど、実施時期を含めて未定
関東	市町村立	中央館を新設して分館を縮小する計画があるが詳細は未定
関東	都道府県立	［質問2-1］［質問2-2］県立図書館の再整備構想がある旨を公表しています
中部	市町村立	［質問2-1］図書館を含む複合施設を検討中
中部	市町村立	市内分館の2館が新しくなる予定です
中部	市町村立	現在、新図書館を改築更新中です
中部	市町村立	［質問2-2］（4）その他⇒H25～26に実施　［質問2-3］（5）平成31年度以降⇒平成30年度までに構想立案

中部	市町村立	［質問2-2］補足、分室を閉鎖し、サービスポイントとしての地域図書室へリニューアルを行う予定です
中部	市町村立	平成29年6月中央館開館予定
近畿	市町村立	新図書館の整備構想を策定することまでが、市総合計画に記されている。構想策定後の整備スケジュールは、未定である
近畿	市町村立	図書館新設については検討中。オープンのスケジュールは未定
近畿	都道府県立	［質問2-2］今年度リニューアル予定の図書館は分館扱いではないため（4）その他と回答しています
近畿	市町村立	［質問2-2］中央館、平成26年4月リニューアル（建替移転）
近畿	市町村立	［質問2-1］正確には分館ではなく並立館です
中国・四国	市町村立	平成21年（2009年）に更新
中国・四国	市町村立	平成22年度10月
中国・四国	市町村立	平成24年7月3日に新図書館開館
九州・沖縄	市町村立	引越しの予定
九州・沖縄	市町村立	［質問2-4］27年度再リース
九州・沖縄	市町村立	分館ではなく図書室の改修予定あり
九州・沖縄	市町村立	図書館リニューアルは、館内レイアウト変更および図書館システム更新が主となる

【3】電子書籍サービスについて

【質問 3-1】 電子書籍サービスを現在実施していますか

（1）実施している　（2）実施していない　（3）その他

●集計結果

	館	/791
（1）実施している	54	7%
（2）実施していない	732	92%
（3）その他	5	1%
合計	791	100%

【4】電子書籍サービスを実施している方に、以下お尋ねします（質問3-1で（1）を選択）

【質問 4-1】 提供している電子書籍サービスの種類を以下ご選択ください（複数選択可）

（1）電子書籍貸出サービス

（以下、「電子書籍貸出サービス」（※外部業者提供の電子書籍サービス））

（2）貴図書館独自の電子書籍サービス・自館でデジタル化した資料提供サービス

（以下「自館電子書籍等サービス」）

（3）その他

●集計結果（回答館数 54 館～複数回答あり）

	館	/54
（1）電子書籍貸出サービス（※外部業者提供の電子書籍サービス）	29	54%
（2）貴図書館独自の電子書籍サービス・自館でデジタル化した資料提供サービス	31	57%
（3）その他	12	22%
合計	73	

【質問 4-2】 電子書籍サービス導入の目的についてご記入下さい

［記入 49 館］

北海道・東北	政令市立	図書館への来館困難者の利用を可能にするため 若年層への利用促進
北海道・東北	市町村立	開館時間外の利用希望や遠方居住者等の来館困難者へのサービス提供 音声読み上げ機能等を活用したアウトリーチサービスの充実
北海道・東北	市町村立	利用者に新たな形の読書体験で、読書の楽しみを広げてもらうため
北海道・東北	市町村立	国立国会図書館「デジタル化資料送信サービス」が開始されたため
北海道・東北	都道府県立	自館所蔵貴重資料の利用促進 非来館型サービスの充実
北海道・東北	市町村立	郷土資料を多くの方に閲覧していただき、調査研究に役立てる
北海道・東北	都道府県立	貴重資料の保存、閲覧に供するため
関東	市町村立	これまで図書館を利用していなかった人に関心を持ってもらうきっかけにしたい 障がいのある方が図書館をもっと利用しやすくなるようにしたい 自館電子書籍等サービスを使い、学校支援に役立てたい
関東	市町村立	障害者サービス
関東	市町村立	乳幼児の子育て世代のお母さまや高齢者など図書館に来たくてもこれない非来館者向けのサービスとして導入した
関東	市町村立	図書館に来られない人達へのサービス
関東	市町村立	読書活動の推進
関東	都道府県立	貴重書、地域資料の利活用促進 非来館型サービスの充実
関東	都道府県立	住民の調査研究を支援するために、図書館が所蔵する豊富な紙媒体資料に加え電子書籍にも対応し、両者を一体的に提供できる体制を構築する
関東	特別区立	電子書籍の体験の提供
関東	特別区立	図書館外部から24時間365日のサービス提供が可能になる 提供が難しかった問題集が蔵書可能になる 蔵書スペースの制限が解消できる 蔵書の紛失や延滞が防止できる 現状の人員でサービス拡大が可能になる 区・図書館で作成した資料を提供できる Audio Bookやビューアの拡大機能が高齢者・障がい者への配慮になる
関東	市町村立	地域資料の劣化防止及び活用のため
中部	市町村立	絶版郷土資料の提供
中部	市町村立	古い資料の劣化のため、原紙に触れなくても閲覧、複写ができるため
中部	市町村立	図書館で作成した、又は市民が作成した郷土に関する電子書籍（PDF）を公開するため
中部	市町村立	視覚などに障がいを持たれた方の利用に供するため
中部	都道府県立	誰もが利用できるような資料の収集・保存・提供のための取り組みのひとつとして、ICTを活用した各種サービスの高度化・効率化の推進を行った
中部	市町村立	電子書籍の体験
中部	市町村立	インターネット時代への対応
中部	市町村立	地域貴重書の保護や郷土・行政資料の保存のため
中部	市町村立	障がい者サービスの充実を目的に、DAISY図書サービスを導入 郷土資料を知るきっかけ作りを目的に、リッチコンテンツを提供

中部	市町村立	来館が困難な方など、多様な利用者に様々な媒体で対応するためまた、将来的には障がい者へのサービスに繋げられればと、考えております
中部	市町村立	郷土資料を多くの方に閲覧していただき、調査研究に役立てる
近畿	市町村立	新しい図書館サービス
近畿	市町村立	利用者サービスの拡大
近畿	政令市立	平成19年より図書館の組織目標として取り組んできた『知識創造型図書館』の一環として、学術書、専門書を中心としたコンテンツによる電子書籍サービスを開始
近畿	市町村立	いろんな媒体で、読書に親しんでいただくため
近畿	市町村立	利用者に電子機器になれてもらうため
近畿	市町村立	図書館の閉館日、閉館の時間にかかわらず、いつでもどこでも読書を楽しんでもらう
近畿	市町村立	情報発信のツールとしての利用や来館困難者、非来館者へのサービスが可能となり、将来的に地域資料のデジタル化を図っていく
近畿	市町村立	ニーズの多様化への対応と地域資料などの劣化防止
近畿	市町村立	広域サービス
中国・四国	市町村立	最新の機器を導入することで市民の情報リテラシーを充実させ、ICTをより身近に感じてもらうため。
中国・四国	市町村立	図書館に足を運ぶことができない皆様に読書サービスを提供する
中国・四国	市町村立	当館所蔵の藩政期・明治期発行資料（藩校明倫館所蔵資料、松下村塾蔵版資料等）の公開
中国・四国	市町村立	地域情報の発信
中国・四国	市町村立	ニーズの多様化に対応するため
中国・四国	市町村立	今の時代のニーズに合わせて
中国・四国	市町村立	公共図書館も、図書館サービスとして電子書籍の閲覧やiPadなどの電子書籍媒体の体験が必要と考えるため
中国・四国	市町村立	地域情報の発信、3Dなど電子書籍の特徴を活かした資料提供。図書館利用に障碍のある人や、今まで図書館を使ってこなかった人へのサービスとして
中国・四国	市町村立	郷土資料をデジタル化し、公開する
九州・沖縄	市町村立	来館困難者及び図書館利用の更なる拡充のため
九州・沖縄	市町村立	情報のバリアフリーを地方にいても可能とする
九州・沖縄	市町村立	学習障がい、発達障がい、弱視等の視聴覚障がいをお持ちの方々、および、そのご家族への貸出を目的とする

【質問 4-3】 質問 4-1 で（1）（2）を選択された方に、現在の提供タイトル数（外部事業者から提供）、自館独自で提供している資料等のタイトル数をご記入ください

（1）導入タイトル（事業者提供）　（2）自館独自提供タイトル　（3）その他

※質問 4-1　提供している電子書籍サービスの種類→（1）外部業者提供の電子書籍サービス（2）自館でデジタル化した資料提供サービス、を択択

●集計結果

（1）導入タイトル（事業者提供）　回答数 29 館

タイトル数	館	/29
5千～1万未満	2	7%
3千～5千未満	6	21%
1千～3千未満	9	31%
500～1千未満	6	21%
100～500未満	2	7%
10～100未満	3	10%
10未満	2	7%
合計	29	

（2）自館独自提供タイトル　回答数 31 館

タイトル数	館	/31
1千～3千未満	5	16%
500～1千未満	1	3%
100～500未満	7	23%
10～100未満	10	32%
10未満	8	26%
合計	31	

（3）その他　回答数 10 館

【質問 4-4】 質問 4-1 で（3）の「その他」を選択された方で、記入できることがありましたらご記入ください

※質問 4-1　提供している電子書籍サービスの種類→（3）その他、を択択

［記入 13 館］

北海道・東北	市町村立	青空文庫及び広報提供
北海道・東北	市町村立	国立国会図書館「デジタル化資料送信サービス」で利用できるタイトル数です
関東	市町村立	iPadで青空文庫が閲覧できるよう設定し、館内貸出サービスを今年度4月より開始した。今後、電子書籍貸出サービスも導入予定
関東	都道府県立	有斐閣YDC1000を提供（館内閲覧のみ）
関東	市町村立	自館作成 音声DAISY 1895タイトル 事業者提供（購入）マルチメディアDAISY 198タイトル（平成27年3月現在）
関東	市町村立	DAISY図書38タイトル
中部	市町村立	DAISY図書

中部	市町村立	タブレット端末で無料の電子書籍を読めるようにしている
中部	市町村立	電子書籍端末100台（青空文庫のべ400タイトル）
中部	市町村立	外部ボランティア団体が作製した電子書籍11タイトルと、青空文庫の閲覧をiPadにより提供している
近畿	市町村立	iPadの館内閲覧。市内小中学校にiPad貸出
中国・四国	市町村立	［質問4-3］に記載した電子図書館サービス提供分以外に、資料検索閲覧システムに掲載している1件がある
九州・沖縄	都道府県立	国立国会図書館「デジタル化資料送信サービス」

【質問 4-5】 電子書籍貸出サービス・自館電子書籍等サービスを実施している図書館において、サービスを開始した年月についてご記入ください

［記入 47 館］

北海道・東北	政令市立	平成26年10月
北海道・東北	市町村立	平成26年10月
北海道・東北	市町村立	平成27年4月
北海道・東北	市町村立	平成27年4月
北海道・東北	都道府県立	平成24年10月
北海道・東北	市町村立	平成23年7月
北海道・東北	都道府県立	当館で地域資料を最初にデジタル化し受入した年月　平成9年3月
関東	市町村立	平成26年10月
関東	市町村立	平成22年7月　DAISY図書貸出し開始
関東	市町村立	平成26年5月
関東	市町村立	平成25年12月
関東	市町村立	平成25年6月
関東	都道府県立	平成19年2月
関東	都道府県立	平成25年12月
関東	特別区立	平成27年2月
関東	特別区立	平成23年11月
関東	市町村立	平成17年8月～蔵書数に出ているが、平成16年「数字で見る」に「一部実現 44タイトル300本」とあり
関東	市町村立	平成23年3月
中部	市町村立	平成24年9月
中部	市町村立	平成23年12月
中部	都道府県立	電子書籍貸出サービス平成24年11月 自館電子書籍等サービス（デジタルアーカイブ）平成11年4月
中部	市町村立	平成23年10月
中部	都道府県立	平成15年10月
中部	市町村立	平成18年
中部	市町村立	平成25年1月
中部	市町村立	平成26年7月
中部	市町村立	平成23年7月
近畿	市町村立	平成25年9月
近畿	市町村立	平成23年5月
近畿	政令市立	平成24年1月
近畿	市町村立	平成26年7月
近畿	市町村立	平成25年10月
近畿	市町村立	平成24年4月

近畿	市町村立	平成23年11月
中国・四国	市町村立	平成25年8月
中国・四国	市町村立	平成26年7月
中国・四国	市町村立	平成23年3月
中国・四国	市町村立	平成25年3月
中国・四国	市町村立	平成24年4月
中国・四国	市町村立	平成24年2月
中国・四国	市町村立	平成24年5月
中国・四国	市町村立	平成25年8月
中国・四国	市町村立	平成24年5月
九州・沖縄	市町村立	平成27年4月
九州・沖縄	都道府県立	平成24年6月
九州・沖縄	市町村立	平成24年3月
九州・沖縄	市町村立	平成26年8月

【質問 4-6】 電子書籍貸出サービスを選択された図書館において提供会社名、サービス名をご記入ください

［記入 31 館］※提供会社名、サービス名は回答記述のママにしました

北海道・東北	政令市立	ユニシス
北海道・東北	市町村立	図書館流通センター／ TRC-DL
北海道・東北	市町村立	国立国会図書館／「デジタル化資料送信サービス」
北海道・東北	都道府県立	寿限無／経葉デジタルライブラリ
関東	市町村立	図書館流通センター／クラウド型電子図書館サービス
関東	市町村立	TRC-DL
関東	市町村立	図書館流通センター／ TRC-DL
関東	市町村立	凸版印刷／明和町電子図書館サービス
関東	都道府県立	図書館流通センター／ TRC-DL 紀伊国屋書店／ Net Library
関東	特別区立	凸版印刷
関東	特別区立	アイネオ社／千代田Web図書館
中部	市町村立	ナカバヤシ／カシックス
中部	都道府県立	日本電気、GPRIME for SaaS（図書館）／電子書籍サービス
中部	市町村立	EBSCO・紀伊國屋書店／ Netlibrary
中部	市町村立	ボランティアが無償で作製したDAISY図書や、青空文庫など、無料で利用できるコンテンツのみ提供しているので、提供会社はない
中部	市町村立	図書館流通センター／ TRC-DL
近畿	市町村立	図書館流通センター／ TRC-DL
近畿	政令市立	紀伊國屋書店／ ebook collection（EbSCOhost）
近畿	市町村立	TRC ／電子図書館TRC-DL
近畿	市町村立	TRC-DL
近畿	市町村立	図書館流通センター／ TRC-DL（V2）
近畿	市町村立	TRC
中国・四国	市町村立	図書館流通センター／ TRC-DL
中国・四国	市町村立	図書館流通センター／電子図書（DL）
中国・四国	市町村立	図書館流通センター
中国・四国	市町村立	iPadやSONY Readerに購入した電子書籍を入力しているため、提供会社はなし

中国・四国	市町村立	図書館流通センター TRC-DL
中国・四国	市町村立	伊藤忠記念財団／わいわい文庫
九州・沖縄	市町村立	図書館流通センター／ TRC-DL
九州・沖縄	市町村立	TRC-DL
九州・沖縄	市町村立	伊藤忠記念財団

【質問 4-7】 電子書籍貸出サービス・自館電子書籍等サービスにおいて、直近（集計が解る月で結構です）の利用登録者数をご記入ください（わからない場合は未解答で結構です）

［記入 19 館］

北海道・東北	市町村立	237人（平成27年3月末日）
北海道・東北	市町村立	1人（平成27年4月）
関東	市町村立	19人（平成27年4月）
関東	市町村立	246人（平成27年3月）
関東	市町村立	134人（平成26年3月）
関東	特別区立	16,601人（平成27年3月）
関東	市町村立	120人（平成27年3月（HS登録者なら））
中部	市町村立	12人（平成27年4月）
中部	市町村立	5人（平成27年3月）
近畿	政令市立	電子書籍のみの利用登録は不要
近畿	市町村立	1,157人（平成27年4月末）
近畿	市町村立	1,257人（平成27年4月）
近畿	市町村立	425人（平成27年3月）
中国・四国	市町村立	231人（平成27年3月）
中国・四国	市町村立	300人（平成27年3月）
中国・四国	市町村立	2,571人
中国・四国	市町村立	440人（平成27年3月）
九州・沖縄	市町村立	66人（平成26年3月末）
九州・沖縄	市町村立	3人（平成27年3月）

【質問 4-8】 電子書籍貸出サービス・自館電子書籍等サービスで、直近一ヶ月の「電子書籍サービスの実際の利用者数」（わかる範囲で結構です）をご記入ください（わからない場合は未解答で結構です）

［記入 20 館］

北海道・東北	市町村立	1人（平成27年4月）
関東	市町村立	32人（平成27年4月）
関東	市町村立	926人（平成27年3月）
関東	市町村立	32人（平成27年3月）
関東	都道府県立	33人（平成27年2月）
関東	都道府県立	6人（平成27年4月）
中部	都道府県立	196人（平成27年3月）
中部	市町村立	5人（平成27年3月）
近畿	市町村立	37人（平成27年3月）
近畿	市町村立	0人（平成27年4月）

近畿	政令市立	検索2,868件　アクセス1,630件（平成27年4月）
近畿	市町村立	251人（平成27年4月末）
中国・四国	市町村立	18人（平成27年3月）
中国・四国	市町村立	閲覧46人（平成27年3月）
中国・四国	市町村立	10人（平成27年3月）
中国・四国	市町村立	44人（平成25年）
中国・四国	市町村立	17人（平成27年3月）
中国・四国	市町村立	33人（平成27年3月）
九州・沖縄	都道府県立	20人（平成27年3月）
九州・沖縄	市町村立	0人

【質問 4-9】 電子書籍貸出サービスで、直近の（集計が解る月で結構です）電子書籍の貸出タイトル数（月間）をご記入ください　（わからない場合は未解答で結構です）

［記入 18 館］

北海道・東北	市町村立	17タイトル（平成27年3月）
北海道・東北	都道府県立	40タイトル（平成27年4月）
関東	市町村立	46人（平成27年4月）
関東	市町村立	345タイトル（平成27年3月）
関東	市町村立	19タイトル（平成27年3月）
関東	市町村立	313（平成27年2月）
関東	特別区立	625タイトル（平成27年3月）
中部	都道府県立	77タイトル（平成27年3月）
中部	市町村立	18タイトル（平成27年3月）
中部	市町村立	180タイトル（平成27年3月）
近畿	市町村立	73タイトル（平成27年3月）
近畿	市町村立	0タイトル（2015年4月）
近畿	政令市立	フルテキスト閲覧1,061件（平成27年4月）
近畿	市町村立	3,947タイトル（平成27年4月末）
近畿	市町村立	219タイトル（平成27年4月）
中国・四国	市町村立	14タイトル（平成27年3月）
中国・四国	市町村立	25タイトル（平成27年3月）
中国・四国	市町村立	0タイトル（平成27年3月）

【質問 4-10】 電子書籍貸出サービスを実施している図書館において、電子書籍貸出サービスを利用できる方の資格について、選択肢からご選択下さい（複数選択可）

（1）自治体内に住所を持つ住民

（2）自治体住民以外の自治体通勤・通学者も登録可能

（3）原則申込み者全て登録可能

（4）その他

●集計結果（回答館数 38 館～複数回答あり）

	館
（1）自治体内に住所を持つ住民	21
（2）自治体住民以外の自治体通勤・通学者も登録可能	25
（3）原則申込み者全て登録可能	4
（4）その他	15
合計	65

【質問 4-11】 質問 4-10 で（4）の「その他」 を選択された場合について、記入できることがありましたらご記入ください

［記入 15 館］

北海道・東北	都道府県立	自館所蔵貴重資料など権利関係の問題無いものについて、利用登録なく利用できる「オープンライブラリー」を提供している
関東	市町村立	相互協力館を持つ市町村に住所を持つ住民
関東	都道府県立	来館した利用者が館内で利用する
関東	特別区立	館内設置のタブレットや、利用者所有のスマホ等を使用する場合は、特に登録の必要なし
中部	都道府県立	自治体住民以外の長期滞在者
近畿	市町村立	図書館利用者カードが作成できる近隣の市町の住民も可能
近畿	市町村立	図書貸し出し利用カード登録者すべて
近畿	政令市立	館内利用者用検索端末からは申込不要でどなたでも利用可能。ご自宅等PCからリモートでは図書館カードおよびパスワードの発行を受けた利用者が利用可能
近畿	市町村立	地域資料については、誰でも閲覧可能
中国・四国	市町村立	隣接市町村在住者
中国・四国	市町村立	ふるさと寄附者、市が発行する情報誌などの会員
中国・四国	市町村立	協定を締結している、周辺自治体の在住者
中国・四国	市町村立	当館の利用カード登録者のみ
中国・四国	市町村立	在住・通勤・通学を含む。地域資料4件は登録不要で閲覧可能
九州・沖縄	市町村立	タイトルによっては、障がい者以外の方の利用が著作権上、できないものもある

【質問 4-12】 貴館の現在の図書館システム提供会社名をご記入ください

［記入 48 館］※提供会社名、サービス名は回答記述のママにしました

北海道・東北	政令市立	日本電気
北海道・東北	市町村立	NECネクサソリューションズ
北海道・東北	市町村立	富士通
北海道・東北	都道府県立	NEC
北海道・東北	市町村立	トーテックアメニティ
関東	市町村立	アネックスインフォメーション（使用しているシステムは富士通のiLis）
関東	市町村立	富士通
関東	市町村立	サン・データセンター
関東	市町村立	栃木シンコー
関東	市町村立	富士通

関東	市町村立	両毛システムズ
関東	都道府県立	日本電気
関東	都道府県立	富士通
関東	特別区立	三菱電機インフォメーションシステムズ
関東	特別区立	アイネオ社
関東	市町村立	サン・データセンター
関東	市町村立	富士通
中部	市町村立	NEC
中部	市町村立	富士通
中部	市町村立	三菱電機インフォメーションシステムズ
中部	市町村立	三谷コンピュータ（NEC）
中部	都道府県立	日本電気
中部	市町村立	アネックスインフォメーション
中部	市町村立	富士通　iLiswing21 ／ we（クラウドシステム）
中部	市町村立	三菱
中部	市町村立	富士通
中部	市町村立	京セラ丸善
中部	市町村立	トーテックアメニティ
近畿	市町村立	NECネクサソリューションズ
近畿	市町村立	富士通
近畿	政令市立	富士通
近畿	市町村立	NECネクサソリューションズ
近畿	市町村立	日立
近畿	市町村立	扶桑電通
近畿	市町村立	富士通システム
中国・四国	市町村立	広島情報シンフォニー
中国・四国	市町村立	三菱
中国・四国	市町村立	NEC
中国・四国	市町村立	広島情報シンフォニー
中国・四国	市町村立	四国電子計算センター
中国・四国	市町村立	富士通（購入先：扶桑電通）
中国・四国	市町村立	日立ソリューションズ
中国・四国	市町村立	NEC
中国・四国	市町村立	テクノウイングス
九州・沖縄	市町村立	肥銀リース
九州・沖縄	都道府県立	NEC
九州・沖縄	市町村立	NEC
九州・沖縄	市町村立	富士通

【質問 4-13】 電子書籍サービスを導入して、感じる利点を以下ご選択ください（複数選択可）

（1）貸出返却管理の手間がかからない

（2）電子書籍独自の機能（文字拡大）などでコンテンツが提供できるようになった

（3）図書館の利用者（来館・登録者）が増加した

（4）電子で保存している資料の提供が簡単にできるようになった

（5）保存場所が必要ない

（6）その他

●集計結果（回答館数 52 館～複数回答あり）

	館	/54
(1) 貸出返却管理の手間がかからない	25	46%
(2) 電子書籍独自の機能（文字拡大）などでコンテンツが提供できるようになった	37	69%
(3) 図書館の利用者（来館・登録者）が増加した	3	6%
(4) 電子で保存している資料の提供が簡単にできるようになった	18	33%
(5) 保存場所が必要ない	22	41%
(6) その他	8	15%
合計	113	
回答なし	2	4%

【質問 4-14】 質問 4-13 で（6）の「その他」を選択した方に、記入できることがありましたらご記入ください

［記入 5 館］

北海道・東北	市町村立	館の開館条件、位置要件に依存しない図書館サービスの提供
関東	都道府県立	デジタル化し、公開したことにより、遠隔地利用、潜在的なニーズの発掘ができた
関東	特別区立	資格試験やTOEIC問題集など従来資料とならなかったものが所蔵できるようになった
近畿	政令市立	冊子体では館内閲覧のみ（禁帯出）であるレファレンスブックについてご自宅からの利用が可能になったこと、本文全文検索が可能なこと、冊子体では提供の難しい資格関連資料の充実
中国・四国	市町村立	館内閲覧限定の制限があった貴重書が電子化により自由に閲覧できるようになった

【質問 4-15】 「電子書籍コンテンツ（以下、コンテンツ）」について、懸念される事項がありましたら選択肢からご選択下さい（複数回答可）

（1）提供されているコンテンツが少ない　（2）新刊のコンテンツが提供されにくい
（3）コンテンツの規格がわかりにくい　（4）コンテンツの価格
（5）コンテンツ購入（提供）費用の会計処理の基準
（6）コンテンツを閲覧するビューアが自由に選べない　（7）その他

●集計結果（回答館数 59 館～複数回答あり）

	館	/59
(1) 提供されているコンテンツが少ない	47	80%
(2) 新刊のコンテンツが提供されにくい	38	64%
(3) コンテンツの規格がわかりにくい	13	22%
(4) コンテンツの価格	42	71%
(5) コンテンツ購入（提供）費用の会計処理の基準	10	17%
(6) コンテンツを閲覧するビューアが自由に選べない	14	24%
(7) その他	4	7%
合計	168	

【質問 4-16】 電子書籍貸出サービスを導入している場合において、電子書籍コンテンツの費用について会計処理はどのようになさっているか、選択肢からご選択下さい（複数選択可）

（1）電子書籍を図書館資料「備品」として扱う
（2）電子書籍を図書館資料「消耗品」として扱う
（3）電子書籍についてもデータベース（商用）と同等「使用料等役務費」に扱う
（4）サービス全体についてオンラインシステム「使用料賃貸料」に含める
（5）サービス全体について委託料として扱う
（6）その他

●集計結果（回答館数 39 館～複数回答あり）

	館	/54
（1）電子書籍を図書館資料「備品」として扱う	11	20%
（2）電子書籍を図書館資料「消耗品」として扱う	3	6%
（3）電子書籍についてもデータベース（商用）と同等「使用料等役務費」に扱う	5	9%
（4）サービス全体についてオンラインシステム「使用料賃貸料」に含める	5	9%
（5）サービス全体について委託料として扱う	3	6%
（6）その他	14	26%
合計	41	
回答なし	15	28%

【質問 4-17】 電子書籍貸出サービス・自館電子書籍等サービスを導入して、当初の導入目的に対しての感想をご記入ください

［記入 31 館］

北海道・東北	市町村立	障がい者差別解消法の改正を見越し、視覚・聴覚にハンディキャップをお持ちの方にも活用いただきたいが、利用に際しての導線整備が果たせておらず、当初目的については達成しきれていない
北海道・東北	市町村立	提供しているコンテンツが少ないため、利用が少ない
北海道・東北	都道府県立	利用の増というより、バックナンバーの利便性やアーカイブの活用を目指しており、書店販売との差別化を図っていく
北海道・東北	都道府県立	貴重資料の利便性の向上が図られた
関東	市町村立	県内初の導入という事もあり注目度が高く、市内・市外多くの方に図書館をPRする事ができた。これまで図書館を利用していなかった市内の方が電子図書館に興味を持ち、来館されるケースが多く見受けられた。今後もコンテンツを充実させ、利用者へのサービス向上に努めたい
関東	市町村立	登録者数や利用頻度が導入時に考えていたよりは伸び悩んでいます
関東	市町村立	利用者が市内在住、在勤、在学に限定されるため、利用者がまだ少ない（徐々に増加はしているが）
関東	市町村立	県内初の電子書籍整備で注目された
関東	都道府県立	地域に関する貴重資料を電子化し、ホームページで公開することにより所蔵資料のPRになっていると思われる。また遠方の利用者からの問い合わせの際に公開している電子資料を紹介するなど役立つこともある
関東	都道府県立	図書館で導入することが出来るコンテンツ数が充分とは言えない その中から調査・研究のための目的に合ったコンテンツを選定することが難しい

関東	特別区立	導入当初は目新しさから利用が多かったが、コンテンツの追加等も行いながら変化を加えていくことが必要
関東	特別区立	非常に利用者が増加するものと期待していたが新刊電子書籍が少ないこともあり、利用率は、横ばいである
中部	市町村立	提供電子書籍の内容をGoogle等で検索できるようにしたいと思ったがうまくいかない。対処方法もわからない
中部	市町村立	利用者が見出しの検索システムがあるので便利になった
中部	市町村立	同時に用意した紙媒体（冊子）は一定の利用があるが、電子媒体についてはそれに及ばないのが実感
中部	都道府県立	利用促進のためのコンテンツの充実とPRが必要
中部	市町村立	利用する人が少ない。独自のPRが必要だが出来ていない
中部	市町村立	視覚障がい者など、利用対象者はごく一部の少数に限定されるサービスが含まれるが、公共図書館として必要なサービスであると感じる
中部	市町村立	まだまだ利用が少ない。まずはサービスの存在をPRする事が課題
近畿	市町村立	システム更改にあわせ、新しい図書館サービスとして導入した。電子書籍に興味をお持ちの方も多く、電子書籍を借りるため図書館の利用者カードを作る利用者もいる。新しい利用者層の利用にもつながっている
近畿	市町村立	利用者が期待するコンテンツに応えられていない
近畿	政令市立	導入目的に基づき購入、提供している専門書、資格関連資料がコンスタントに利用されている。また、平成25年度のシステム更新によるOPACとの連携、横断検索等電子図書館機能の拡充により、潜在的利用者へのはたらきかけを強化しており、当初の導入目的以上の効果を見込んでいる
近畿	市町村立	いつでもどこでもをキャッチコピーとして、図書館の休館日、深夜でも利用できる
近畿	市町村立	遠方や高齢の利用者から喜ばれている
近畿	市町村立	TRC-DL（V2）を導入して地域資料など自館での作成が容易にできるようになった
近畿	市町村立	現在、当市に著作権のある資料のみを提供している。そのためコンテンツが少なく、利用は伸びていない。今後、コンテンツの充実など動向を勘案し、外部事業者提供のサービスも検討する
中国・四国	市町村立	利用者が伸びない
中国・四国	市町村立	資料を広く活用してもらえるようになった
中国・四国	市町村立	来館が困難な利用者へのサービスが可能と思っていたが、PR不足やコンテンツの種類が少ないため、思ったよりも効果が薄い
九州・沖縄	都道府県立	自館の資料保存に役立っている。所蔵のない資料についても、閲覧・複写がすぐにできるようになったので利便性が高まった
九州・沖縄	市町村立	資料が少ないので利用者が伸びていない

【5】電子書籍サービスを実施していない館について（質問3-1で（2）を選択）

【質問 5-1】 電子書籍サービス未実施館の方へ、貴館の電子書籍サービスへの検討状況について、選択肢からご選択下さい（一つ選択）

（1）電子書籍サービスを実施する予定が具体的にある
（2）電子書籍サービスの実施を検討中（まだ具体的でない）
（3）電子書籍サービスを実施する予定はない

●集計結果（回答館数 730 館）

	館	/732
（1）電子書籍サービスを実施する予定が具体的にある	7	1%
（2）電子書籍サービスの実施を検討中（まだ具体的でない）	148	20%
（3）電子書籍サービスを実施する予定はない	575	79%
合計	730	100%
回答なし	2	(0.3%)

【質問 5-2】 質問 5-1 で（1）（2）を選択いただいた方で、予定開始時期があれば選択肢からご選択下さい（一つ選択）

（1）平成 27 年度　（2）平成 28 年度　（3）平成 29 年度
（4）平成 30 年度　（5）平成 31 年度以降

●集計結果

	館
（1）平成27年度	9
（2）平成28年度	9
（3）平成29年度	7
（4）平成30年度	5
（5）平成31年度以降	33
合計	63

【質問 5-3】 質問 5-1 で（1）（2）を選択された方に、電子書籍サービス提供方法について、選択肢からご選択下さい（複数選択可）

（1）図書館内利用
（2）図書館が所有する電子書籍用の端末を貸し出して利用
（3）登録利用者が利用者の所有するパソコンで利用
（4）登録利用者が利用者の所有するタブレットで利用
（5）登録利用者が利用者の所有する電子書籍専用端末で利用
（6）登録利用者が利用者の所有するスマートフォンで利用
（7）その他

●集計結果（回答数 129 館〜複数回答あり）

	館	/154
(1) 図書館内利用	60	39%
(2) 図書館が所有する電子書籍用の端末を貸し出して利用	32	21%
(3) 登録利用者が利用者の所有するパソコンで利用	72	45%
(4) 登録利用者が利用者の所有するタブレットで利用	70	44%
(5) 登録利用者が利用者の所有する電子書籍専用端末で利用	44	29%
(6) 登録利用者が利用者の所有するスマートフォンで利用	53	34%
(7) その他	39	26%
合計	370	
回答なし	25	16%

【質問 5-4】 質問 5-3 で（7）の「その他」を選択した方についてご意見等ございましたら、ご記入ください

［記入 36 館］

関東	市町村立	提供方法を含め検討中
関東	市町村立	検討を始めたばかりなので、具体的なことは未検討
関東	市町村立	サービス開始時点で利用可能な主なハードウエアを（端末機器）を想定する
関東	特別区立	現在、具体的な検討はされていない。平成28年度にシステム委員会を発足し、電子図書館導入方針を検討する
関東	市町村立	方法についても検討中
関東	市町村立	電子書籍の導入については提供方法も含め、新図書館移行時（平成28年度予定）指定管理者の判断による
中部	政令市立	サービスの提供方法も含めて実施について検討
中部	市町村立	提供方法については検討中のため、変更の可能性あり
中部	都道府県立	現時点では、まだ動向調査等を行っているところのため、サービス開始時期や内容までは検討していない
中部	市町村立	研究中
中部	市町村立	検討中
中部	市町村立	提供方法を含めて検討中
中部	市町村立	県立図書館が市町村向けにデジタルライブラリーを提供してくれる予定なのでそれに対応するか検討中
中部	市町村立	実施時期や方式等、全く具体化していない。質問5-3の回答肢で「登録利用者が」と限定する必要はあるのか？
中部	市町村立	検討を始めたばかりなので、具体的なことは未検討
近畿	都道府県立	検討中
中国・四国	政令市立	提供方法についても検討中
中国・四国	市町村立	提供方法も含み検討中
中国・四国	都道府県立	検討中
中国・四国	政令市立	それらも含め検討中
中国・四国	都道府県立	検討中
九州・沖縄	都道府県立	提供方法及び開始時期等については検討中
九州・沖縄	市町村立	コンテンツの数や使い勝手など県内の状況を見て今後の方向としたい
九州・沖縄	市町村立	検討中
北海道・東北	政令市立	検討段階であり、具体的なサービス提供方法については未定

北海道・東北	都道府県立	提供方法については未定
関東	市町村立	詳細につきましては、未定です
関東	特別区立	未定
関東	市町村立	詳細は未定
関東	市町村立	未定
関東	市町村立	未定
関東	市町村立	サービス提供方法は未定
中部	市町村立	未定
近畿	市町村立	［質問5-2］［質問5-3］とも、未定である
中国・四国	市町村立	民間委託になりますので、詳細は未定です
中国・四国	市町村立	未定

【質問 5-5】 「電子書籍サービス」についての、問い合わせや要望について、選択肢からご選択下さい（複数選択可）

（1）自治体の長（市町村長、都道府県知事）及び自治体の内部からの問い合わせがある
（2）自治体の議員からの問い合わせがある
（3）住民からの問い合わせがある
（4）現在のところ問い合わせはない
（5）その他

●集計結果（回答数 665 館～複数回答あり）

	館	/732
(1) 自治体の長（市町村長、都道府県知事）及び自治体の内部からの問い合わせがある	41	6%
(2) 自治体の議員からの問い合わせがある	93	13%
(3) 住民からの問い合わせがある	104	14%
(4) 現在のところ問い合わせはない	460	63%
(5) その他	27	4%
合計	720	
回答なし	67	9%

【質問 5-6】 質問 5-5 で（5）の「その他」を選択した方について、記入できることがありましたらご記入ください

［記入 22 館］

北海道・東北	市町村立	自治体の内部から問い合わせがあったので、一度無償トライアルで電子図書を体験したが、読みにくい等の意見が出た
北海道・東北	都道府県立	問い合わせは、ごく稀であること
北海道・東北	市町村立	図書館協議会で話題となった
北海道・東北	市町村立	図書館協議会委員から質問されることがあります（電子書籍サービスの提供の予定はあるか、など）
北海道・東北	市町村立	過去に市議会議員からのお質しがあった
関東	市町村立	図書館協議会の委員から問い合わせがあり
関東	都道府県立	図書館協議会での質問等

関東	市町村立	図書館協議会委員より質問を受けたことがある
関東	市町村立	図書館協議会より問い合わせあり
関東	市町村立	議員から現状について質問を受けたり、図書館協議会の委員から要望を受けたことがある
関東	市町村立	過去に議会で質問されたことがある
関東	市町村立	図書館運営委員会の委員から質問がある
中部	市町村立	図書館建設検討委員会、図書館協議会
中部	市町村立	教育行政評価委員会において、将来的に導入にむけての検討への提案あり
中部	市町村立	近隣市町村からの問い合わせ
中部	市町村立	利用者から電子書籍を導入していないのは、遅れていると言われたことがある
中部	都道府県立	県図書館協議会、県内市町図書館
中部	市町村立	市図書館協議会委員、市社会教育委員会委員からの意見
近畿	市町村立	新図書館整備時には電子書籍サービスを実施しては、との意見を、懇話会等からもらっている。ただ、新図書館の整備時期は未定であり、また、新図書館で電子書籍サービスを行うかどうかも未定である
近畿	市町村立	図書館協議会の委員より質問があった
中国・四国	市町村立	直接の意見はないが、利用者アンケートにおいて電子書籍サービスの希望はある
九州・沖縄	市町村立	評議員から問い合わせがある

【6】「デジタルアーカイブ」について

【質問 6-1】 貴館における「デジタルアーカイブ」の状況について、選択肢からご選択下さい（複数選択可）

(1)「デジタルアーカイブ」の提供を実施している
(2) 試験的に実施中
(3) 実施の予定あり
(4) 実施の予定なし
(5) その他

●集計結果（回答館数 783 館～複数回答あり）

	館	/791
(1)「デジタルアーカイブ」の提供を実施している	122	15%
(2) 試験的に実施中	22	3%
(3) 実施の予定あり	62	8%
(4) 実施の予定なし	529	67%
(5) その他	53	7%
合計	788	
回答なし	8	2%

【質問 6-2】 質問 6-1 で（1）（2）を選択された場合について、これまで貴館独自にデジタル化した資料点数は延べでどれくらいありますか。延べ点数をご記入下さい。

●集計結果（点数を記入した図書館は、145 館）

	館	/145
10万～100万未満	4	3%
5万～10万未満	2	1%
3万～5万未満	2	1%
1万～3万未満	8	6%
5千～1万未満	5	3%
3千～5千未満	8	6%
1千～3千未満	13	9%
500～1千未満	16	11%
100～500未満	35	24%
10～100未満	20	14%
10未満	32	22%
合計	145	

［コメント記入 7 館］

北海道・東北	市町村立	明治35年～昭和17年までの釧路新聞をデジタル化し提供しています
北海道・東北	市町村立	収集中、準備中のものも含む
関東	特別区立	50点程度の写真
関東	特別区立	（画像数約31,000枚）
中部	都道府県立	県文書館によるデジタル化も含む（画像は図書館・文書館・文学館と共通）
中部	市町村立	地元の地方紙2紙を、昭和30年～平成24年分までPDFファイルで保持
九州・沖縄	都道府県立	マイクロフイルム

【質問 6-3】 質問 6-1 で（5）の「その他」を選択された場合について、記入できることがありましたらご記入ください

［記入 47 館］

北海道・東北	市町村立	デジタル化資料の保存のみ実施（一般利用者への提供については未実施）
北海道・東北	市町村立	本館ホームページにて、水産博物館の資料を基に作成した「水産博物館写真アーカイブス」を公開しています
北海道・東北	市町村立	新聞（地元紙）のデジタル化を検討中
北海道・東北	市町村立	実施したいと考えているが、ノウハウも人員も不足している
北海道・東北	市町村立	予算要求を行っているが、予算措置に至っていない
関東	市町村立	実施に向け検討中
関東	市町村立	実施を検討中
関東	市町村立	次期システムに向け検討中
関東	市町村立	市の博物館計画のなかで、図書館資料も含めたデジタルアーカイブ実施の予定があるが、まだ具体的でない
関東	市町村立	一部デジタルアーカイブ化しているが、公開はしていない
関東	市町村立	検討中

関東	市町村立	未定です
関東	市町村立	市の歴史、狭山茶、学校、文化財などについて説明している「こども郷土資料」をPDFファイルにてHPに掲載している
関東	市町村立	実施時期は未定だが、提供に向けての検討を行っている
関東	政令市立	郷土資料の劣化及び喪失を防ぐとともに、将来的に利活用するための環境整備を図るため、冊子150点、写真32,863点、映像資料118点をデジタル化した。 うち、写真100点（図書館ホームページ）、映像資料50点（DVD貸出）の提供を行っているが、冊子データについては提供方法（ビューワー等）の課題から、デジタルデータの公開は行っていない（冊子の貸出のみ）
関東	市町村立	今後検討を予定している
関東	特別区立	具体的な実施の有無については見当までいたっていません。ただし、郷土資料などについては、その必要性を認識しています
関東	市町村立	実験事業として地域資料のデジタル化を行ったことがある。この時デジタル化したものについては今後公開予定である
関東	市町村立	古文書のデジタル化を行っているが、利用者への提供までは至っていない
関東	市町村立	実施に向けて検討中
関東	市町村立	図書館協議会においても議論になっているため、今後の方針については検討していく
関東	市町村立	［質問5］の電子書籍サービスとあわせて検討
中部	市町村立	県立図書館がホームページ上でアーカイブを提供しており、当館所蔵資料もそこで公開している（71点）
中部	市町村立	市古文書整理ボランティアから寄贈を受けた写真のデータベース3,047点を所蔵。活用について検討中
中部	市町村立	デジタル化した写真を教育委員会のサイトで提供している
中部	市町村立	市の広報誌10年分と古い教科書数点をデジタル化し提供している
中部	市町村立	市の刊行物等のデジタルアーカイブを進めたいと考えている
中部	市町村立	本年度に郷土資料の一部をデジタル化、保存する予定
中部	市町村立	歴史資料デジタル情報検索・閲覧事業として、史編纂資料をデジタル化し、「ADEAC」に搭載（平成26年度より）
中部	市町村立	すでに提供しているテキストデータにサムネイルを追加する予定はあるが、著作権処理で止まっている
中部	市町村立	デジタル化した資料については、市立図書館ホームページ内「市に関する古絵図・番付等」で既に掲載している
中部	市町村立	検討中
中部	市町村立	郷土資料で電子化（PDF）したものが数タイトルあるが、公開方法が未定
中部	市町村立	現在、検討中
中部	市町村立	デジタルアーカイブについて、将来的には実施していく方針であるが、現在は環境も整っておらず検討中である
近畿	政令市立	実施も含め、現在検討中
近畿	市町村立	市立図書館HPから閲覧できる『アーカイブスー市の昔と今』に写真を提供している
近畿	市町村立	将来的に考えたいが、今のところ具体化していない
近畿	市町村立	実施したいとは思っているが、費用、人手等解決が必要なことが多数あり、まったく取り組めていない
近畿	市町村立	将来の実施を検討
近畿	市町村立	今後検討が必要と考えている
中国・四国	市町村立	古地図の保存及び複写依頼の場合のみデータを利用している
中国・四国	市町村立	当館の資料を、研究機関でデジタル化し公開されているサイトへのリンクを今後行う予定
中国・四国	市町村立	保存目的で1点、デジタル化した資料あり
中国・四国	市町村立	郷土資料をデジタル化して保存しているが、提供はしていない

九州・沖縄	市町村立	貴重資料のみデジタル化をすすめている
九州・沖縄	市町村立	いずれ実施することを考えているが、まだ具体的ではない

【質問 6-4】 貴館における「自館のデジタルアーカイブ」の課題点を選択肢からご選択下さい（複数選択可）

（1）資料などをデジタル化するための環境（情報機材、ネットワーク環境等）

（2）デジタル化するための権利処理問題

（権利者の問題や、権利処理のためのノウハウの問題含む）

（3）デジタル化した資料のデータベース化や ID や書誌データ付与

（4）デジタル化予算措置

（5）担当者、人材不足

（6）デジタル化するための十分な知識や経験がない

（7）適当な外部事業者がない

（8）その他

●集計結果（回答館数 666 館～複数回答あり）

	館	/791
(1) 資料などをデジタル化するための環境(情報機材、ネットワーク環境等)	413	52%
(2) デジタル化するための権利処理問題 (権利者の問題や、権利処理のためのノウハウの問題含む)	379	48%
(3) デジタル化した資料のデータベース化やIDや書誌データ付与	265	34%
(4) デジタル化予算措置	556	70%
(5) 担当者、人材不足	451	57%
(6) デジタル化するための十分な知識や経験がない	401	51%
(7) 適当な外部事業者がない	38	5%
(8) その他	21	3%
合計	2,524	
回答なし	125	16%

【質問 6-5】 質問 6-4 で（8）の「その他」を選択された場合について、記入できることがありましたらご記入ください

［記入 16 館］

北海道・東北	市町村立	郷土資料館等と資料保存について協議が必要
北海道・東北	都道府県立	目録データとデジタルデータとを統合的に管理できるシステムになっていない
関東	市町村立	施設の老朽化対策が先決
関東	都道府県立	データベース化したデータを保存するサーバの容量が不足していて、新規追加が難しい状況になっている（契約機器リース期間が長期になるため）
関東	特別区立	閲覧ソフトウェアで拡大に制限がある
関東	市町村立	現在のところ館内のパソコンでしか利用できないため、不便である
中部	都道府県立	デジタル化した資料の今後の運用方法（記録媒体、データベースのサーバ容量、システムの更新など）

中部	市町村立	すでにアーカイヴした画像の形式が、最新のWindowsで閲覧出来なくなっている
中部	市町村立	デジタルアーカイブ用の「電子資料の書架システム」のようなものを探しているのだが、なかなか見つからずに困っている
中部	市町村立	事業者はいるが、適切なものを作成できる能力に欠ける
近畿	市町村立	デジタル化する貴重資料の範囲と費用対効果、デジタル化後の現物保存の必要性と経費（デジタル化後、現物も保存し続けるなら、保存対策にはなっても、省スペース対策にはならない）
近畿	市町村立	必要性が不明
近畿	市町村立	所有者が著作権切れ資料をもって、開示コントロールをする場合など、どうすればいいか（所有権と著作権の関係）
近畿	市町村立	中枢都市圏の事業として市を中心とした近隣市町の連携事業の一環で郷土資料アーカイブの検討を進めている
中国・四国	市町村立	補助金申請について・デジタル化するための知識についての研修をしてほしい
九州・沖縄	都道府県立	（5）の補足としてデジタルアーカイブへのアップロード作業に専従する職員を置くための人件費確保が必要である

【質問 6-6】 国立国会図書館が既にデジタル化した資料や、国立国会図書館がこれまで収集した地域資料を活用できると良いと思われますか、選択肢からご選択下さい（一つ選択）

※国立国会図書館では自治体のウェブサイトを収集しており、過去に自治体が発信した地域資料等についても収集しているものがあります。

（1）ぜひ活用したい　（2）関心はある
（3）特に関心はない　（4）その他

●集計結果

	館	/791
（1）ぜひ活用したい	223	28%
（2）関心はある	443	56%
（3）特に関心はない	80	10%
（4）その他	20	3%
合計	766	97%
回答なし	25	3%

【質問 6-7】 質問6-6で（1）（2）を選択された場合について、想定される活用例などがありましたらご記入ください

［記入 246 館］

北海道・東北	都道府県立	当館デジタルアーカイブ「北方資料デジタル・ライブラリー」の横断検索機能で利用者にコンテンツ情報を提供
北海道・東北	市町村立	レファレンスへの対応
北海道・東北	市町村立	情報送信サービスの活用
北海道・東北	市町村立	地域の行事やイベント情報の共有
北海道・東北	市町村立	レファレンスの参考資料 利用者の求めに応じた迅速な資料の提供
北海道・東北	市町村立	レファレンスでの活用、過去の地域資料（ウェブサイト）でのキーワード検索など

北海道・東北	市町村立	当館に資料のない全国各地の歴史や観光などに関するレファレンスがあった場合
北海道・東北	市町村立	郷土資料閲覧用端末での閲覧、市史編纂、郷土に関するレファレンス
北海道・東北	市町村立	現地に行かなくても、デジタルアーカイブ化された資料を閲覧できる
北海道・東北	市町村立	利用者の調査研究対応
北海道・東北	市町村立	郷土資料の収集を行っているため
北海道・東北	市町村立	自治体内でも過去のウェブサイトの保存が行われていないため、過去掲載事項の確認等
北海道・東北	市町村立	現時点で具体例はありませんが、今後活用していきたい
北海道・東北	市町村立	展示やパスファインダーなど
北海道・東北	市町村立	当館では予算も保管も限られ、また道立図書館からもかなり距離があるため、こちらの環境さえ整えば、地域資料・古資料の提供を迅速に求められた場合に活用させて頂けるかと思います
北海道・東北	市町村立	姉妹都市連携展示など、他自治体地域資料の展示
北海道・東北	市町村立	各種レファレンスに対する回答
北海道・東北	市町村立	自治体図書館では古くて館内閲覧となっている地域資料も、国立国会図書館でデジタル化できれば、より多くの方に地域資料を提供できると考えられます
北海道・東北	市町村立	当館では市広報、町の時代に発行した広報、当地域で発行されていた新聞などをデジタル化し、JPEGとPDFで保存しています。それらをアーカイブの中に入れて頂いて、国会図書館のデジタルアーカイブにアクセスすれば当館デジタル資料も検索・閲覧できるようになればいいなあと思います
北海道・東北	市町村立	利用者が早く取り寄せたい場合、紹介できる
北海道・東北	都道府県立	当館OPACの検索結果に外部データベースの検索情報として組み込む。または、当館OPACで未ヒットだった場合にその検索キーワードを国立国会図書館にリンクさせて自動的に再検索させるなど
北海道・東北	市町村立	利用者からのレファレンス資料として
北海道・東北	市町村立	当館に所蔵の無い資料を利用してもらう
北海道・東北	市町村立	資料内容等により、今後活用できる事例を模索したい
北海道・東北	市町村立	郷土史研究などの参考資料して活用
北海道・東北	市町村立	利用者からのレファレンスへの対応
北海道・東北	市町村立	レファレンス 図書館利用者による利用
北海道・東北	市町村立	郷土資料の活用、入手困難な絶版資料など
北海道・東北	市町村立	自館で所有していない郷土資料の補完利用
北海道・東北	政令市立	レファレンスサービスへの活用
北海道・東北	市町村立	レファレンス対応としての活用
北海道・東北	市町村立	レファレンス等で活用できればよいと思う
北海道・東北	市町村立	地域情報の面では、他市町村の取組や事業を自館でも活かすことができる。また、利用者が求める画像（過去の写真等）の提供ができる
北海道・東北	市町村立	市史を編纂する場合の基礎資料
北海道・東北	市町村立	利用者からの問い合わせ等で、デジタル資料での提供が必要な場合
北海道・東北	市町村立	レファレンスの回答のための参考資料として
北海道・東北	市町村立	見られなかった資料が見られる
北海道・東北	市町村立	場合により製本化して貸出の閲覧等に対応する
北海道・東北	市町村立	レファレンスでの活用
北海道・東北	都道府県立	利用者への提供
北海道・東北	市町村立	地域の歴史の学習資料としての活用
北海道・東北	市町村立	郷土についてのレファレンス資料として
北海道・東北	市町村立	利用者への情報提供、図書館職員のレファレンス活用

北海道・東北	市町村立	利用者への利用案内等
北海道・東北	市町村立	OPACからのリンクなど
北海道・東北	市町村立	貴重本の閲覧。レファレンス利用
北海道・東北	市町村立	レファレンス
北海道・東北	市町村立	入手できなくなっている資料、滅失のおそれのある資料の収集、利用者への提供
北海道・東北	市町村立	ホームページなどで閲覧可能であればよい
関東	市町村立	当館では回答できなくなったレファレンスについて、回答を得られるかもしれない
関東	市町村立	自館のHPで提供するなど
関東	市町村立	レファレンス
関東	市町村立	レファレンスサービスでの活用
関東	市町村立	他県の地域資料は手に入りにくいので、気軽に図書館利用者が活用できると良い。また当館は書庫等の所蔵スペースが僅かであるため、スペース確保の為、デジタル化されたものに関しては複本等の廃棄を検討していきたい
関東	市町村立	公民館、郷土資料館、図書館等、生涯学習関係の機関とコラボレーションした、地域資料を使った企画展示など
関東	市町村立	国立国会図書館デジタル化資料送信サービス
関東	市町村立	地域の歴史、変遷などを学校で使用できるようにしたい
関東	市町村立	館内閲覧での閲覧・複写サービス ※実際に導入されている図書館より、利用者が少ないと聞くので、利用者へ周知する工夫が必要であり、課題でもある
関東	市町村立	レファレンスでの活用
関東	市町村立	住民に周知し、館の利用者パソコンで簡単に閲覧できるようにする。 郷土史研究会などに利用を促す。 複写提供できると良い
関東	市町村立	専門的なレファレンスが非常に多いので活用できれば、ありがたいです
関東	市町村立	レファレンスでの活用。また利用者からの閲覧希望に対応
関東	市町村立	入手不可能な資料を、国立国会図書館に行くことのできない高齢者などでも見ることができる
関東	市町村立	遠隔地での活用、郷土資料研究の進展
関東	市町村立	レファレンスサービス
関東	市町村立	レファレンス等で当館にない資料を持っている場合の活用
関東	都道府県立	国立国会図書館サーチ（近代デジタルライブラリー）との連携
関東	市町村立	レファレンス対応ツールとして
関東	市町村立	図書館利用者の閲覧に供する。レファレンス資料として利用する
関東	市町村立	図書館HPからの閲覧など
関東	市町村立	レファレンス等で古くて貴重な本を借用せずに、デジタル化したものを提供する
関東	市町村立	古文書・貴重書の閲覧。国会図書館までいけない利用者の利用
関東	市町村立	地域に関するレファレンス業務
関東	市町村立	利用者への情報提供
関東	市町村立	図書館間貸出に代わるサービスとして活用したい
関東	市町村立	利用者への紹介や館内利用者用インターネット端末での閲覧
関東	市町村立	レファレンスでの活用
関東	都道府県立	当館HPにリンク設定
関東	政令市立	レファレンスにおける資料検索ツールの1つとして。デジタル化資料送信サービスにおける対象資料として
関東	市町村立	自館におけるレファレンス等で活用できるものと想定される
関東	市町村立	自館OPACとの連携、未所蔵郷土資料の情報活用、自館作成ポスター等への利用等

関東	市町村立	絶版資料の提供など
関東	市町村立	利用者の求めに応じるため
関東	市町村立	現物を借用するのが困難な地域資料などの閲覧要望があった時にインターネット上で閲覧できれば便利だと思われます
関東	市町村立	レファレンス業務に活用できる
関東	市町村立	貸出不可の古い資料の閲覧が可能になる
関東	市町村立	市の出身者の著作物を、当館作成の資料で引用する
関東	市町村立	利用者の調査研究のための資料として
関東	市町村立	レファレンスでの活用
関東	市町村立	自館で所蔵していない地域資料や、自館で所蔵していても保存状態から提供が難しい資料を利用できる
関東	特別区立	レファレンス等
関東	特別区立	地方の郷土史を研究している利用者から、都外図書館に協力貸し出しをお願いしないとならないリクエストがある。貴重な資料が多いので、事故のないデジタル配信が利用できればと思います
関東	特別区立	明治以降の図書・新聞雑誌の閲覧、歴史的音源の視聴
関東	市町村立	地域資料の一環として
関東	市町村立	レファレンスサービスの回答等
関東	市町村立	地域情報レファレンスや一般レファレンス・ツールとして
関東	市町村立	情報サービスに利用したい
関東	市町村立	他の地域に関するレファレンスを受けた際に、すぐに画像で中身を確認できる地域資料があるとありがたい。自館所有資料も劣化しているとコピーできないためデジタル資料で可能になれば嬉しい
関東	市町村立	地域に関するレファレンスへの回答
関東	市町村立	国会で既にデジタル化した地域資料を国会のサーバ上で仮想的に地域のコレクションに見せるような活用はできないでしょうか？　いわゆる商用の電子図書館サービスのように
関東	政令市立	レファレンス等
関東	政令市立	レファレンスにおける資料検索ツールの1つとして。 デジタル化資料送信サービスにおける対象資料として
関東	市町村立	当館で所蔵していない資料の確認および利用者への情報提供
関東	市町村立	利用者からのレファレンス対応
中部	市町村立	関心はあるが具体的活用例はない。ただし、データをもらえるのであればデータベースとして保管しておきたい
中部	市町村立	レファレンス
中部	市町村立	レファレンス調査で活用できる
中部	市町村立	古文書や古い地形図などを活用し、地域の歴史の調べ学習などが可能
中部	市町村立	未所蔵郷土資料の提供
中部	市町村立	市ホームページにリンクを張るなどして、特に県内資料の閲覧などが容易にできるようにする
中部	市町村立	著作権の切れた資料の閲覧
中部	市町村立	デジタル化資料送信サービスによる提供
中部	都道府県立	国会図書館でデジタル化済みのため相互貸借に対応しない資料の提供
中部	市町村立	レファレンス等で活用
中部	市町村立	利用者への閲覧提供、レファレンスツール
中部	市町村立	国立国会図書館のデジタル資料を印刷して図書館利用者に提供する
中部	都道府県立	当館ウェブサイト郷土資料のページから、それぞれの資料へのリンクを貼り、問題を付すなど
中部	市町村立	県内の地域資料については、県立図書館又、県内の図書館にて閲覧できるが、他県の地域資料について、国立国会図書館が収集した資料を活用できるとよい

中部	市町村立	レファレンス
中部	市町村立	デジタルコレクションの閲覧、複写と同じような形で利用したい
中部	市町村立	原資料破損防止
中部	市町村立	ポータルサイト機能
中部	都道府県立	レファレンスサービス
中部	市町村立	デジタル化資料送信サービスを利用しての図書館利用者への情報提供
中部	市町村立	レファレンス対応・自館地域資料の充実
中部	市町村立	学習支援・ビジネス支援等への活用
中部	市町村立	郷土史（近現代史を含む）研究など
中部	市町村立	「デジタル化資料送信サービス」を利用する（来館者が利用できる）
中部	市町村立	レファレンス時の活用
中部	市町村立	収集できない資料の提供
中部	市町村立	地域の著名人の絶版になった資料を閲覧する
中部	市町村立	レファレンス等での資料提供
中部	市町村立	貴重本など相互貸借不可の資料を、webを通じ利用者へ提供できる
中部	市町村立	レファレンス業務
中部	市町村立	地域資料について閲覧
中部	市町村立	津波などの災害で自治体のウェブサイトが見られなくなった場合など
中部	市町村立	レファレンスの資料として
中部	市町村立	津波などの災害で自治体のウェブサイトが見られなくなった場合など
中部	都道府県立	国会図書館資料を利用した索引、リンク集の作成（県の広報等）、自館未所蔵資料の利用者への提供
中部	市町村立	郷土出身者又は関係者が著した書籍などで、およそ30年以上前の実物を入手する事は、ほぼ不可能であると思われる。もし、その書籍がデジタル化され、ウェブで公開されていれば活用できる
中部	市町村立	情報提供施設として関心はあるが、利用度を考えると積極的にとはなりにくい現状である
中部	市町村立	電子書籍導入の第1段階として利用
中部	市町村立	発行年が古い地域資料等を、利用者が気軽に利用できると良い
中部	市町村立	合併した旧市町村の自治体資料の印刷物などは廃棄されていることが多いので、ウェブを利用して郷土教育などに活用したい
中部	市町村立	利用者への利用案内等
中部	市町村立	地域関係の資料
中部	市町村立	レファレンスの回答に必要な情報として活用できる
中部	市町村立	活用できるのが望ましいが、利用者に提供するための媒体が少なく、需要もほとんどないと思われる
中部	市町村立	「過去と現在を比べる」コンセプトの地域資料展示コーナーなど
中部	市町村立	地域史および地域行政史のレファレンス等に活用したい
中部	市町村立	利用者の求めに応じた資料提供
中部	市町村立	郷土情報への問い合わせへの対応
中部	市町村立	レファレンスでの活用
中部	市町村立	来館者への閲覧、提供
中部	市町村立	全国からの問い合わせがあるので、シェアできるものがあれば心強いです
中部	市町村立	レファレンス、企画イベント等に活用したい
中部	市町村立	当館が所蔵していない地域資料を用いたレファレンスが可能となる
中部	市町村立	郷土資料の収集、活用
中部	市町村立	著作権の課題が解決されるのであれば、自館で作成したデータベースへの追加ができると良いです

近畿	市町村立	地域資料と関連したレファレンスがあった時に、有効に提供することができる
近畿	市町村立	歴史調査等のレファレンスに利用
近畿	市町村立	高齢者向けのおはなし会で歴史的音源やデジタル資料を紹介する
近畿	政令市立	レファレンスの際に使用
近畿	政令市立	当館サイト横断検索でのNDLサーチとの連携
近畿	市町村立	レファレンスの回答に活用する
近畿	市町村立	遠方の地方の郷土史関係の調べもの（調査内容によっては書籍化されたものが見当たらない物がある）
近畿	市町村立	本町において入手不可能な資料の閲覧
近畿	市町村立	利用者からのレファレンスなど
近畿	市町村立	館内での閲覧、カーリルタッチからのリンク
近畿	市町村立	利用者からの求めに応じて閲覧及び複写等を行いたい
近畿	市町村立	レファレンスの回答に役立てたい
近畿	市町村立	当アーカイブ資料をひもづけできれば、地域資産が広がり、授業等に活用できる可能性があるから
近畿	市町村立	利用者からのレファレンスに活用
近畿	市町村立	地図データなどで、現在と過去の状況を確認することにより、災害等に役立と考える
近畿	市町村立	地域資料を用いたレファレンス
近畿	市町村立	地域資料（赤穂義士・忠臣蔵など）にかかわるものを活用したい
近畿	市町村立	当館ホームページにリンクを作って市民に紹介する。 地域の歴史に関する展示の際に活用する、など
近畿	都道府県立	歴史的音源配信提供や図書館向けデジタル化資料送信サービスの導入
近畿	市町村立	レファレンス等
近畿	市町村立	教材として歴史あるいは古文書教養講座の開催
近畿	市町村立	レファレンス対応
近畿	市町村立	利用者への提供、および、レファレンスへの対応
近畿	市町村立	レファレンス
近畿	市町村立	レファレンスへの対応。プリントアウトしたものを郷土資料として受け入れる
中国・四国	市町村立	利用者からのレファレンスに役立てる
中国・四国	市町村立	雑誌記事、郷土資料の閲覧等の活用
中国・四国	都道府県立	公開が終了した地域資料の利用
中国・四国	市町村立	貴重資料、劣化資料、他地域郷土資料の閲覧。書誌データの活用
中国・四国	市町村立	レファレンス、企画展など
中国・四国	市町村立	利用者が必要な場所を確認して、複写申し込みができる
中国・四国	都道府県立	資料提供機能の拡大
中国・四国	市町村立	利用者からの要望によりデジタル化資料の複写
中国・四国	市町村立	レファレンスの資料として活用したい
中国・四国	都道府県立	自館が所蔵しない資料を，自館資料と同様に見ることができるので、レファレンス調査で活用できる（している）
中国・四国	市町村立	レファレンスに使用
中国・四国	市町村立	郷土の歴史に関わる講座、歴史研究の参考資料に活用
中国・四国	都道府県立	国立国会図書館デジタルコレクション中の本県関係資料へのリンク
中国・四国	市町村立	郷土に関するレファレンス対応
中国・四国	市町村立	レファレンス業務等での活用
中国・四国	市町村立	写真資料のデジタル化、新聞切抜資料などのデジタル化
中国・四国	市町村立	多くの方の目に触れ、他県の方にも興味を持ってもらえる
中国・四国	都道府県立	所蔵していない資料の閲覧・複写サービス

中国・四国	市町村立	先日、著作権法の書籍の1ページだけが早急に知りたくて、TRCやアマゾン等に注文しても日数がかかる書籍だったので、そのような時に活用されるかと思った
中国・四国	市町村立	禁帯出の古書の閲覧など
中国・四国	市町村立	郷土研究等の際、自館で所蔵していない貴重書が閲覧できるとよい
中国・四国	市町村立	利用客へのレファレンスや、当市に関連する資料の検索等
中国・四国	市町村立	歴史的音源配信提供や図書館向けデジタル化資料送信サービスの導入
中国・四国	市町村立	住民からの依頼の資料で、自館になく国立国会図書館にある資料が閲覧・複写ができれば住民サービスが向上する
中国・四国	市町村立	郷土レファレンスへの対応。地域で活動する団体等の研究資料として
中国・四国	市町村立	郷土資料
中国・四国	市町村立	調査・研究、レファレンスへの対応
中国・四国	市町村立	地域に関するレファレンス業務での活用
中国・四国	市町村立	古い地域資料についての問い合わせがあった時に提供できると良い
九州・沖縄	都道府県立	NDLデジタル化資料につき公共図書館への配信を活用中
九州・沖縄	政令市立	当館は、幕末に幕長戦争によって小倉城を自焼したため、多くの資料が焼失している。当館にないNDLの地域資料を複製して利用者に提供できればありがたい
九州・沖縄	市町村立	レファレンス業務での活用
九州・沖縄	市町村立	レファレンスに対応できる資料が増える
九州・沖縄	市町村立	利用者によるレファレンスなど
九州・沖縄	市町村立	国立国会図書館にしかない資料を地方において閲覧できることは、市民にとってより多く情報を得ることができる
九州・沖縄	市町村立	地域資料は他館からの借用ができないことが多いため、レファレンス等があった場合、活用することができる
九州・沖縄	市町村立	利用者及び行政議会等の調査研究に活用
九州・沖縄	市町村立	利用者から地域資料の閲覧希望があった場合、ほとんどの資料は借用ができないので、デジタル化した資料を自由に閲覧できると便利である
九州・沖縄	市町村立	紙媒体では入手不可となった行政資料をデジタル化資料で提供する
九州・沖縄	市町村立	レファレンス業務等
九州・沖縄	市町村立	郷土資料の展示、web版郷土資料館としてまとめる
九州・沖縄	市町村立	自館で提供する地域・郷土資料デジタルアーカイブと共に
九州・沖縄	都道府県立	今後、自館資料もデジタル化するにあたって参考としたい
九州・沖縄	市町村立	レファレンス時の参考資料としての活用
九州・沖縄	市町村立	合併前の各自治体の活動状況等も把握できることから貴重な資料となると思われる
九州・沖縄	市町村立	レファレンス
九州・沖縄	市町村立	郷土資料に関しては、活用希望があるかもしれない
九州・沖縄	市町村立	利用者ニーズがあれば
九州・沖縄	市町村立	利用者の研究支援
九州・沖縄	市町村立	町民演劇グループがあり、演目によっては、江戸～大正期の習俗などを知りたい……などの依頼があったので。結局は時間資料で間に合いましたが
九州・沖縄	市町村立	住民からの資料提供依頼やレファレンスサービス
九州・沖縄	都道府県立	当館のアーカイブの中に欠本等により、データの不足があれば貴館のデータで補完する等の作業が考えられます
九州・沖縄	市町村立	当地域に関する資料もあるので、レファレンスに活用できます
九州・沖縄	市町村立	レファレンスの参考資料になると思われる
九州・沖縄	市町村立	レファレンス対応

九州・沖縄	市町村立	レファレンスや郷土に関する調査での活用
九州・沖縄	都道府県立	郷土資料として利用
九州・沖縄	市町村立	地域資料を参考としたレファレンス回答
九州・沖縄	市町村立	レファレンス等での資料提供として
九州・沖縄	市町村立	まずは行政の関連部署に情報提供を行い、活用できるのではないでしょうか
九州・沖縄	市町村立	入手できなかった資料のデジタル提供。状態不良の資料に代わりデジタル化資料を提供
九州・沖縄	市町村立	当館が移転改築予定地近くには「おんがく村」（郷土芸能関連音源資料提供施設）があり、国立国会図書館のデジタル資料「れきおん」を活用することで相乗効果が期待される

【質問 6-8】 質問 6-6 で（4）の「その他」を選択された場合について、記入できることがありましたらご記入ください

※質問 6-6　貴館で「デジタルアーカイブ」及び公開するデジタル資料の拡充を進めるにあたり、国立国会図書館が既にデジタル化した資料や、国立国会図書館がこれまで収集した地域資料を活用できると良いと思われますか、選択肢からご選択下さい→（4）その他、を撰択

［記入 15 館］

関東	市町村立	国会図書館利用中
関東	特別区立	「国立国会図書館デジタルコレクション」にはあるものの、インターネット公開になっている資料が少ないので、活用できない
関東	都道府県立	レファレンス業務に活用できるため、ぜひ活用したいと思うが、当館では既に「県デジタルアーカイブ」（県立公文書館と連携して、所蔵資料をデジタル化し、公開している）を提供しており、それに加え今年度は県の各部署が作成した情報（主にPDF化したもの）を系統的に収集し、提供する「県情報デジタルアーカイブ」を立ち上げる予定である
中部	都道府県立	近代デジタルライブラリー収録の県に関係する図書や人物の著作について国立国会図書館に許可をいただき、当館のデジタルアーカイブでも提供している
中部	市町村立	特に市民から問い合わせを受けたことがないので、職員間でとりあげた事がない
中部	市町村立	当市では、国立国会図書館の上記資料については利用が見込めないため、現時点では必要ないものと考える
中部	市町村立	国会図書館にある大変古くて貸出ができない資料などを、デジタル化することにより利用者に見せることが出来る（実際、状態が悪くて借りることが出来ない資料の問い合わせが過去にありました）
中部	市町村立	「デジタル化資料送信サービス」に対応できる機材環境がない、サービス担当者が不足しているなど、クリアーしなければならない課題がある
近畿	市町村立	既に活用しています
近畿	市町村立	まだ体制が整っていない
近畿	市町村立	まだ体制が整っていない
近畿	市町村立	利用者からの要望があれば活用を考えたい
中国・四国	市町村立	将来的に利用者の要望が増え、活用できる環境が整えば考えたい
中国・四国	都道府県立	「デジタル化資料送信サービス」で既に活用している
九州・沖縄	市町村立	活用したいが（利用者からの要望あり）パソコン端末のバージョンが古いためできない状態である

【7】国立国会図書館が平成26年1月から開始した「デジタル化資料送信サービス」に対する対応について

【質問 7-1】　国立国会図書館の「デジタル化資料送信サービス」への対応について、選択肢からご選択下さい（一つ選択）

（1）申し込んで、閲覧・複写サービスを開始している
（2）申し込んで、閲覧サービスのみ開始している
（3）27 年度中に申し込みをする予定（具体的な計画がある）
（4）28 年度以降に申し込みをする予定で検討している
（5）現在のところ申し込む予定はない
（6）その他

●集計結果

	館	/791
（1）申し込んで、閲覧・複写サービスを開始している	123	16%
（2）申し込んで、閲覧サービスのみ開始している	12	2%
（3）27年度中に申し込みをする予定で検討している	88	11%
（4）28年度以降に申し込みをする予定で検討している	81	10%
（5）現在のところ申し込む予定はない	420	53%
（6）その他	55	7%
合計	779	98%
回答なし	12	2%

【質問 7-2】　質問 7-1 で（3）（4）を選択した方について、申し込みにおける課題がありましたら、選択肢からご選択下さい（複数選択可）

（1）機材環境（端末・通信回線）がない
（2）サービス担当者がいない
（3）サービスの内容が分からない
（4）申し込みの手続きが複雑
（5）規則類が整っていない
（6）その他

●集計結果（回答館数 169 館～複数回答あり）

	館	/169
（1）機材環境（端末・通信回線）がない	101	60%
（2）サービス担当者がいない	49	29%
（3）サービスの内容が分からない	25	15%
（4）申し込みの手続きが複雑	68	40%
（5）規則類が整っていない	106	63%
（6）その他	31	18%
合計	380	

【質問 7-3】 質問 7-1 で（1）（2）を選択した方について、実際にサービスを利用して課題がありましたら、ご記入ください

［記入 60 館］

北海道・東北	市町村立	導入直後であり、あまり活用されていない
北海道・東北	都道府県立	自動ログインができない。複写箇所をページ番号で指定できない。フルスクリーン表示の矢印の向きが分かりにくい。書誌情報を単独で印刷できない
北海道・東北	都道府県立	レファレンス等で有力な情報源になることがあるので、図書館職員専用のアクセス権限があると助かる（閲覧のみで構わないので）
北海道・東北	都道府県立	利用者への周知が進んでおらず、利用が少ない
北海道・東北	市町村立	希望する資料にたどり着くまで試行錯誤した
北海道・東北	都道府県立	複写対応での著作権判断
北海道・東北	市町村立	印刷が読みとりにくい場合がある
関東	市町村立	資料複写の手続きが煩雑でわかりにくい
関東	市町村立	市所蔵の地域資料も国会図書館でデジタル化してもらえると良い
関東	市町村立	利用が少ない
関東	市町村立	サービス開始の際にはネットワークアドレスを固定することが望ましく、そのためには費用が発生してしまうことが難点と思われる
関東	市町村立	回線もしくは、自治体ネットワークのセキュリティの問題があるのか、ログインできる時とできない時があり、安定的なサービスを提供できない
関東	特別区立	対応端末が一台のため、利用が重なるとお待ちいただかねばならない
関東	特別区立	IPアドレスが固定式となっている。これまで安価な変動性のため申請することができなかった。27年度中にプロバイダを変更し、申請する予定
関東	特別区立	図書館ホームページ等でサービスについて周知を図っているが、利用率が低いため、今後周知方法について検討を要する
関東	市町村立	「登録利用者」について・雑誌（商業出版のものを除く）について
関東	市町村立	デジタル化資料の活用へのPRが難しく、利用がまだ少ない。被写の際の作業が少々手間である（コマ指定、トリミングなど）
関東	市町村立	著作権の関係で複写サービスの手順が非常に煩雑であること
関東	市町村立	サービスの内容が市民に浸透していないため、PRの充実が必要である
関東	政令市立	ログインやプリントアウトへの対応は必ず職員が行うため、職員の体制により、利用時間を制限せざるを得ない場合がある
関東	市町村立	閲覧のためにはインターネット利用について整理の必要があり、又複写については環境が整っておらずできない
中部	都道府県立	カウンター混雑時の対応について
中部	市町村立	利用者が直接プリントアウトできないこと。著作権の範囲内で複写を行う判断
中部	都道府県立	複写サービスの要件を満たしているかどうか、必ず正規職員が判断しているため依頼を受けてから引き渡しまでタイムラグがある。当館では翌日以降の引き渡しとなっている
中部	都道府県立	サービス利用対象者を当館利用登録者としているが、登録者対象は県内在住・在勤・在学者に限られるため、県外在住者からの問い合わせがあっても、お断りしなければらならいこと
中部	都道府県立	国立国会図書館との取り決めにより、複写サービスは申込書に記載してもらってからとなるため、申込者に複写物がわたるまでに時間がかかる
中部	市町村立	あまり活用されていない。が貴重な資料を閲覧できるのはありがたい

中部	市町村立	閲覧及び複写の申し込み手続きの煩雑さ
中部	市町村立	コピーサービスが煩雑である
中部	市町村立	コピーサービスが煩雑である
中部	市町村立	文字の小さい資料の複写の際に、白黒調整、トリミングで時間がかかってしまう
中部	都道府県立	複写作業に手間がかかり、長時間、職員が対応しなければならない
中部	市町村立	利用者へのPR
中部	市町村立	複写用の端末から複写を職員が行うことは煩雑である
中部	市町村立	グローバルIPアドレスが必須なのでハードルが高い
中部	市町村立	利用者側に内容把握や利用方法について浸透していない。広報、周知が広く行き届いていない
中部	市町村立	データが大きく、プリンタへの転送に時間がかかることがある
中部	市町村立	利用が少ない。まずはサービスの存在をPRする事が課題
近畿	市町村立	環境を整え周知も行っているが、利用がない。利用の問い合わせを受けたことがあるが、当館の利用者ではなく、利用につながらなかった
近畿	市町村立	雑誌のサービスを始めてほしい
近畿	市町村立	図書館内の掲示やHP等でサービス開始の案内を行いましたが、さらに周知をする必要があると感じる
近畿	政令市立	画面上で複写可能な資料かどうか分かりづらい。一般の方がすぐに分かる表示が望ましい。それによってさらに利用しやすくなると思われる
近畿	都道府県立	プリンタ台数が少ないため、複写提供に時間がかかっている 一部の古い資料の中に、欠ページや画像不鮮明のものがある
近畿	政令市立	複写サービスにおいての運用（管理用の端末を、利用者用端末に接続しているコピー機へ接続するにはセキュリティ上の問題がある、また、窓口では料金のやりとりを行えない、委託職員ではなく本務職員が複写を行わなければならないなどのことから運用が煩瑣）
近畿	市町村立	画面上では鮮明でなく読みにくいので、現物の本の取り寄せを希望される。複写の設定をその都度調整しなければならない資料が多い（紙がグレーで印字され、字も薄い。写真付き論文の場合は字に合わせると写真が真っ黒で、写真をうすめに印刷しようとすると字が読みにくくなる）
近畿	市町村立	閲覧用機材等の環境が整備できていない
近畿	政令市立	当館では、複写サービスを実施していない。複写サービス要綱等の整備、職員の確保、プリントアウトの料金徴収方法が課題となっている
近畿	市町村立	資料を複写したいなどの動機付けがない場合、閲覧のみしたいという希望者はほとんどない
中国・四国	都道府県立	現在県内で利用できるのは当館のみ（1台）であり、各地の図書館で利用できる環境整備が進むように周知する必要がある
中国・四国	市町村立	機材を設置できるスペースがない
中国・四国	市町村立	複写は職員が行うことになっているが、複写枚数が多い時などは職員がそれにかかりっきりになってしまい、他の業務に支障がある（職員が少ないので）
中国・四国	都道府県立	複写の際に著作権により全文複写できないときに利用者の理解が得られない場合がある。 複写を職員が行わないといけないので，手続きや複写作業に手間がかかる
中国・四国	都道府県立	古い資料が多く、利用者に利点を説明しづらい。 著作権の関係で、資料の画像が使えないため、PRが難しい
中国・四国	都道府県立	閲覧・複写に手間がかかる ・複写における著作権確認（半分まで複写していい資料かどうかの判断が難しい資料がある）
中国・四国	都道府県立	複写できる範囲の判断が難しい 業務システムのパソコンを兼用しており、処理能力が低く、大量の印刷命令をかけると、動作が不安定となる

九州・沖縄	政令市立	閲覧者が、送信を受ける機関の登録利用者に限定されていること 複写物の品質を一定に保つこと
九州・沖縄	政令市立	印刷にあたって、閲覧用画像に比べて鮮明さに欠ける場合があるとの説明がされているが、画像調整をしても写りがあまり良くならず、利用者から指摘されることがあるため、もう少し画質が改善されるとありがたい
九州・沖縄	市町村立	利用者が少ないので、広報活動に力を入れたいと考えている
九州・沖縄	都道府県立	利用者端末が、他のインターネット端末と共用のため、利用が短時間となるケースが生じている
九州・沖縄	都道府県立	閲覧用端末が1台しかないので、複数の利用者が同時に利用できない。複写について、現在モノクロしか対応していないが、カラー印刷の要望がある
九州・沖縄	都道府県立	有益な情報源であるが、今のところ、利用する方が限定されており、利用者の掘り起こしが必要だと感じている

【質問 7-4】 質問 7-1 で（6)、7-2 で（6）の「その他」を選択した方についてご意見等ございましたら、ご記入ください

※【質問 7-1】国立国会図書館の「デジタル化資料送信サービス」への対応について→（6）その他、を選択 【質問 7-2】質問 7-1 で 27 年度、28 年度中に申し込み予定と選択した方で、申し込みにおける課題→（6）その他、を撰択

［記入 55 館］

北海道・東北	市町村立	運用より管理が重視されており、不要な手続き・条件設定が多いように感じる
北海道・東北	市町村立	検討中
北海道・東北	市町村立	時期は未定だが、条件が整えば対応したい
北海道・東北	市町村立	端末機の設置場所について検討中であり、決定後早期に申込手続きをしたい
北海道・東北	市町村立	資料活用のニーズがあった場合に、サービスを利用したい
北海道・東北	政令市立	インフラ整備、人員体制等の検討段階であり、具体的な申込については未定
北海道・東北	市町村立	申込みを検討したが館内の機器の都合、断念した
北海道・東北	市町村立	必要があれば利用する
北海道・東北	市町村立	未定
関東	市町村立	デジタル化資料送信サービスについて知識不足のため。サービスの内容を理解した上で、導入を検討したい
関東	市町村立	レンタルしているPCなどのパフォーマンスが低く、サービス提供の条件をクリアしていない。レンタル機器の更新が未定なので入替を実施した時点で申請を行いたい
関東	市町村立	IPアドレスを取得していない
関東	市町村立	申し込みたいが、接続環境が対応しておらず、申し込めない
関東	市町村立	平成26年度に申し込みをしようとしたが、図書館がIPアドレスを持っていないため申し込みができなかった
関東	市町村立	セキュリティを保持するために導入しているソフトと、「デジタル化資料送信サービス」を導入するためのスペックがかみ合っていない
関東	市町村立	平成27年6月1日より提供開始
関東	特別区立	［質問7-1］（6）検討中［質問7-2］（6）機材環境はあるが、ソフトウェアのシステム要件を満たしていない（Internet Explorerのバージョン等）
関東	市町村立	複写サービスをどこまで実施するかまで含めて課題している
関東	市町村立	今年度中に機材環境を整える予定。今後、具体的な運用を考えていく中で、課題の整理をしていきたい
関東	市町村立	申し込みをする予定ではあるが、時期は未定

関東	市町村立	予算措置が整わない
中部	市町村立	申込みしたいが、整備すべき規則や手続きがよくわからない。また、担当者・人材が不足している
中部	市町村立	申し込み済みで、現在職員のみ閲覧可能となっている。新しい本館が開館するのにあわせて、一般の利用者へのサービスを開始する予定である
中部	都道府県立	26年度末に申込んでおり、27年5月上旬から閲覧・複写サービスを開始する予定である
中部	市町村立	よいサービスであると思うが、当館は、職員数が少なく、送信サービス利用に必要な機器等の環境が整備されていない
中部	市町村立	ダウンロードでき、USB等外部記憶装置に保存できるパソコン環境でも、提供できるサービスであってほしい
中部	市町村立	デジタル資料の複写サービスを行う場合、当館での複写における規則を変更しなければならない可能性があるため
中部	市町村立	平成27年度予算で計上するも、措置されず、申込みができない状況である。国庫補助があればと思う
中部	都道府県立	申し込んで、現在サービス提供のための準備をしている（閲覧・複写）。平成27年5月15日からサービス開始予定
中部	市町村立	導入を検討したが、機材環境（特に通信回線）に課題があり、予算の都合上、見送らざるを得なかった
中部	市町村立	申請をしたが、認可が下りなかった（インターネット回線環境が適応できなかった）
近畿	市町村立	実施を検討したいが担当者に時間的余裕がない
近畿	市町村立	デジタル化資料サービスの申込みについて、館内での職員の意思がまとまっていない
近畿	市町村立	申し込み済み、サービス提供環境の整備中
近畿	市町村立	現在、登録に向け準備中
近畿	市町村立	申し込み・活用できれば良いとは考えるが、機器等の環境がなく現状では利用できない
近畿	市町村立	館内閲覧の条件を満たせなかったので、iPadでの利用を検討してほしい
近畿	市町村立	図書館にパソコンが必要になるが、その通信経費等が問題。 利用者が、個々に見るようにしていただきたい
近畿	市町村立	まだ体制が整わない
近畿	市町村立	現在、申請させていただいており、手続き終了を待っております
近畿	市町村立	まだ体制が整わない
中国・四国	都道府県立	複写処理を図書館職員が行うため煩雑
中国・四国	政令市立	申し込みは済んでおり、国会図書館の審査待ち（閲覧・複写サービスを予定）
中国・四国	市町村立	サービスの内容が分からない。申し込みの手続き、規則がわからない
中国・四国	市町村立	現在研究中であり、館内の意思統一を図ろうとしているところ。その状況によっては早期に導入の可能性はある
中国・四国	市町村立	運用方法を検討中
九州・沖縄	市町村立	国立国会図書館資料以外を利用者から印刷希望等ある場合の対応。専用端末の配置など課題あり
九州・沖縄	市町村立	検討はしているが、機材環境がいつ整うか不明のため「その他」とした
九州・沖縄	市町村立	利用者からの希望もあり、申し込みたいが、パソコンの環境の面から、現段階では当館では申し込みできない状況である
九州・沖縄	市町村立	活用を検討しているが、具体的に申請するまでに至っていない。インターネット用の端末が少ないため、活用がうまくいくか等の課題もある

九州・沖縄	市町村立	平成27年度図書館システム更新に伴い導入を検討したが、予算的な問題で機材環境が整わなかったため導入を見送った。今後の目処はたっていない
九州・沖縄	市町村立	まだ職員の知識が十分でないため、まずは勉強してサービスを活用できるようにしたい。具体的な予定はない
九州・沖縄	市町村立	通信環境はあるが、通信回線速度に難あり（ISDN回線）
九州・沖縄	市町村立	図書館移転に伴う形で提供を開始したいと考えているが施設主管課が当館ではないため、今後協議を有する

【8】電子図書館サービス・電子書籍サービスで導入・検討しているサービスについて

【質問 8-1】 電子図書館サービスとして提供を検討しているサービス（すでに導入しているサービスを含む）について、選択肢からご選択下さい（複数選択可）

（1）自館デジタルアーカイブ
（2）自館電子書籍等サービス
（3）電子書籍貸出サービス
（4）データベースサービス（外部事業者提供）
（5）国立国会図書館「デジタル化資料送信サービス」
（6）音楽配信サービス
（7）DAISY 図書サービス
（8）電子書店との検索機能（OPAC）リンクサービス
（9）国立国会図書館サーチの外部提供インターフェイス（API）を利用した検索サービス
（10）その他

●集計結果（回答館数 519 館～複数回答あり）

	館	/791
（1）自館デジタルアーカイブ	234	30%
（2）自館電子書籍等サービス	76	10%
（3）電子書籍貸出サービス	134	17%
（4）データベースサービス（外部事業者提供）	242	31%
（5）国立国会図書館「デジタル化資料送信サービス」	260	33%
（6）音楽配信サービス	66	8%
（7）DAISY図書サービス	203	26%
（8）電子書店との検索機能（OPAC）リンクサービス	31	4%
（9）国立国会図書館サーチの外部提供インターフェイス（API）を利用した検索サービス	35	4%
（10）その他	52	7%
合計	1,360	
回答なし	272	34%

【質問 8-2】 質問 8-1 で（10）「その他」を選択した方について、記入できることがありましたらご記入ください

［記入 34 館］

北海道・東北	市町村立	まだ具体的な検討段階にない
北海道・東北	市町村立	提供を検討しているサービスはありません
北海道・東北	市町村立	朗読CD、DVDBOOK
北海道・東北	市町村立	現在、調査研究中です
北海道・東北	市町村立	現時点では一つも行っておりません
北海道・東北	市町村立	新聞記事のデジタルサービスを実施
北海道・東北	市町村立	今のところ計画していない
北海道・東北	市町村立	導入予定がない
関東	市町村立	利用者用インターネット端末の設置
関東	市町村立	東日本大震災に関連する記録・記憶を震災関連デジタルコンテンツとして収集・保存・活用・継承していくアーカイブシステムを構築中（公開予定は平成27年7月）
関東	特別区立	インターネット利用パソコンの提供
中部	市町村立	インターネット端末の提供
中部	市町村立	現在のところ未定
中部	市町村立	近隣の公立・私立の博物館や美術館、資料館、テーマパークなどの施設の収蔵／展示などと一元的に検索できるサービスをつくりたい
中部	市町村立	無料の電子書籍をタブレット端末で提供
中部	市町村立	信毎データベース
中部	市町村立	まだ検討しておりません
中部	市町村立	現在のところ情報収集している段階である
中部	市町村立	官報情報検索サービス・@nifty新聞雑誌記事横断検索サービス
中部	市町村立	外部事業者（TRC-ADEAC（株））のプラットフォームシステムを用い、劣化の進んだ資料をデジタル化し、TRC-ADEAC上で公開する準備を進めている。（現在1点進行中）
近畿	政令市立	データベース、電子書籍の横断検索・データベースとのOPAC連携（データベースコンテンツの書誌作成、ISSNによるデータベースからの当館蔵書検索への連携）・デジタルアーカイブの提供・館内インターネット端末設置
近畿	市町村立	インターネット利用の提供、無線LANの提供
中国・四国	市町村立	現在のところ予定はない
中国・四国	市町村立	具体的な検討段階に至っていない
中国・四国	市町村立	まだ検討段階にない
中国・四国	市町村立	現在のところ検討していない
九州・沖縄	政令市立	現在のところ、電子図書館サービス・電子書籍サービスの実施予定はない
九州・沖縄	市町村立	未検討
九州・沖縄	市町村立	カーリルやCiNiiのAPIを利用した検索サービス
九州・沖縄	市町村立	DVDの貸出、パソコン利用
九州・沖縄	市町村立	今のところ、具体的に提供を考えておりません
九州・沖縄	都道府県立	国立国会図書館「歴史的音源」
九州・沖縄	市町村立	導入、検討していない
九州・沖縄	市町村立	導入済、ホームページ及びインターネット、OPACからの蔵書検索、予約可能、メールによる各種案内

【9】電子書籍サービスの提供の対象となる人について

※すでに電子書籍サービスを行っている図書館、未実施の図書館両方お答えください。

【質問 9-1】 電子書籍を提供する主な対象はどのような方でしょうか、選択肢からご選択下さい（複数選択可）

（1）幼児・児童（～小学生）　（2）生徒（中学生～高校生）
（3）学生（大学生等）　（4）ビジネスパーソン
（5）主婦　（6）高齢者（65 歳以上）
（7）図書館利用に障がいのある人
（8）非来館者（これまで図書館を利用しなかった、出来なかった住民の方）
（9）その他

●集計結果（回答館数 696 館～複数回答館あり）

	館	/791
(1) 幼児・児童（～小学生）	193	24%
(2) 生徒（中学生～高校生）	347	44%
(3) 学生（大学生等）	464	59%
(4) ビジネスパーソン	507	64%
(5) 主婦	386	49%
(6) 高齢者（65歳以上）	429	54%
(7) 図書館利用に障がいのある人	515	65%
(8) 非来館者（これまで図書館を利用しなかった、出来なかった住民の方）	462	58%
(9) その他	63	8%
合計	3,366	
回答なし	95	12%

【質問 9-2】 質問 9-1 で（9）「その他」を選択した方について、記入できることがありましたらご記入ください

［記入 51 館］

北海道・東北	都道府県立	インターネット利用者
北海道・東北	市町村立	解りません
北海道・東北	市町村立	現在、調査研究中です
北海道・東北	市町村立	民俗・歴史研究者
北海道・東北	政令市立	検討段階であり、具体的なサービス提供対象については未定
北海道・東北	市町村立	特に利用者の制限を行うのではなく、予定している電子化書籍については、郷土史を予定しているので、利用者の求めに応じて、提供できたらと考えている
関東	市町村立	図書カード（借出し）利用者（広域利用者含）
関東	市町村立	図書館利用カードを登録している方
関東	市町村立	すべての利用者
関東	市町村立	サービスを実施する場合は、全ての利用者を対象としたいが、幼児から中学生までは、保護者の許可を前提にするなどの対応が必要と考える

関東	市町村立	すべての利用者
関東	市町村立	導入を検討しているが導入時期未定のため、現在は対象者は未想定
関東	市町村立	市内在住者もしくは図書館登録者
関東	都道府県立	図書館利用者全般
関東	政令市立	全市民（特定不可）
関東	特別区立	検討中
関東	特別区立	研究者（当自治体図書館に登録できない人を含む）のデジタルアーカイブ利用
関東	特別区立	現在、具体的な検討はされていない。平成28年度にシステム委員会を発足し、電子図書館導入方針を検討する
関東	市町村立	未定
関東	市町村立	具体的な検討はしていない
関東	都道府県立	電子書籍サービスを実施する予定はないため、対象を想定していない
関東	政令市立	全市民（特定不可）
関東	市町村立	提供対象者は未定
中部	政令市立	対象についても検討
中部	都道府県立	未検討のため
中部	市町村立	現在のところ未定
中部	市町村立	未実施なので、検討しないとわからない
中部	市町村立	別荘利用者、観光旅行者
中部	市町村立	市民
中部	市町村立	特に利用者の制限を行うのではなく、予定している電子化書籍については、郷土史を予定しているので、利用者の求めに応じて、提供できたらと考えている
中部	市町村立	提供できれば対象を特定しない
中部	市町村立	どのような方が対象になるか分からない
中部	市町村立	市外の方（住民以外）も非来館での利用に考えている
中部	市町村立	町内の利用者のみ対象としたい
近畿	市町村立	未定
近畿	市町村立	歴史的地域情報の提供
近畿	市町村立	年齢、所属にかかわらず、利用規則を遵守できるとした人全てを対象
近畿	市町村立	対象者問いません
近畿	市町村立	未検討
近畿	市町村立	市立図書館の利用登録がある人（借出カードを持っている人）
近畿	政令市立	具体的な検討が行えていないため、対象を絞り込めていない
中国・四国	政令市立	研究者
中国・四国	市町村立	具体的な検討段階に至っていない
中国・四国	市町村立	特に対象を絞らず、利用者一般
九州・沖縄	市町村立	未検討
九州・沖縄	市町村立	市役所職員
九州・沖縄	市町村立	「すべての利用者」が理想だと思いますが、ログイン端末等の関係があるので、「来館者」が現実的だと考えます
九州・沖縄	市町村立	全利用者
九州・沖縄	市町村立	検討していない
九州・沖縄	市町村立	電子書籍の閲覧端末の所持者は対象とすべきと考える
九州・沖縄	市町村立	外国の方（英語や外国語の資料を提供したい）

【10】電子書籍提供で望まれる分野について

【質問 10-1】 電子書籍等の提供で自館の実施している、または実施したいサービスについて、以下ご選択ください（複数回答可）

（1）自館オリジナルの電子書籍（電子資料）提供サービス
（2）自治体の広報、資料等の提供サービス
（3）電子書籍（商用＝著作権が有効）
（4）著作権の権利期間終了タイトル（パブリックドメイン）
（5）国立国会図書館提供の「デジタル化資料送信サービス」提供

●集計結果（回答館数 654 館〜複数回答あり）

	館	/791
(1) 自館オリジナルの電子書籍（電子資料）提供サービス	267	34%
(2) 自治体の広報、資料等の提供サービス	363	46%
(3) 電子書籍（商用＝著作権が有効）	334	42%
(4) 著作権の権利期間終了タイトル（パブリックドメイン）	242	31%
(5) 国立国会図書館提供の「デジタル化資料送信サービス」提供	420	53%
合計	1,624	
回答なし	139	18%

【質問 10-2】 電子書籍貸出サービスにおいて、提供される分野について、下記の選択肢から優先度の高いと思われる分野を5つまでご選択ください（5つ以下でも結構です）

（1）文芸書　（2）実用書　（3）ビジネス書　（4）専門書（ビジネス書以外）
（5）学習参考書（語学）　（6）児童書・絵本　（7）図鑑・年鑑　（8）辞書・辞典
（9）コミック　（10）雑誌　（11）新聞　（12）写真集　（13）その他

●集計結果（回答館数 680 館）

	館	/791
(1) 文芸書	444	56%
(2) 実用書	373	47%
(3) ビジネス書	316	40%
(4) 専門書（ビジネス書以外）	255	32%
(5) 学習参考書（語学）	132	17%
(6) 児童書・絵本	117	15%
(7) 図鑑・年鑑	330	42%
(8) 辞書・辞典	234	30%
(9) コミック	44	6%
(10) 雑誌	212	27%
(11) 新聞	230	29%
(12) 写真集	40	5%
(13) その他	100	13%
合計	2,827	
回答なし	111	14%

【質問 10-3】 質問 10-2 で（13）の「その他」を選択した方、及び質問 10-1 に対して、記入できることがありましたらご記入ください

［記入 98 館］

北海道・東北	都道府県立	地域資料
北海道・東北	政令市立	地域資料
北海道・東北	市町村立	医療・健康（直接サービスでは事情を開示しづらいテーマ）印刷本との住み分けが必要と感じており、できればベストセラー等の取扱いは廃したい。しかし、利用ニーズは印刷本・人気資料に集中している現状
北海道・東北	市町村立	郷土資料
北海道・東北	市町村立	地域資料
北海道・東北	市町村立	地域資料、郷土資料
北海道・東北	市町村立	現在、調査研究中です
北海道・東北	市町村立	自治体の広報はすでに町役場のHPで閲覧できるようになっております
北海道・東北	市町村立	地域資料
北海道・東北	市町村立	「その他」の分野として、郷土資料を挙げます
北海道・東北	都道府県立	［質問10-1］（4）、質問［10-2］（13）は地域資料を想定
北海道・東北	市町村立	郷土資料
北海道・東北	都道府県立	地域資料、自館所蔵の貴重資料
北海道・東北	市町村立	地域資料（特に古文書など）
北海道・東北	市町村立	郷土資料、特に歴史に関するもの（県外在住者で、当地域について調べたいという方に向けたサービス）
北海道・東北	市町村立	郷土資料
北海道・東北	市町村立	郷土資料等だが、特に電子書籍の形態をとらなくとも、ウェブサイト上で公開する形で問題はない
北海道・東北	市町村立	郷土資料
北海道・東北	市町村立	自治体の資料（広報など）
関東	市町村立	地域資料、自治体（行政）資料、国立国会図書館送信資料
関東	市町村立	ベストセラー本、新刊本、課題図書
関東	市町村立	郷土資料
関東	市町村立	導入を検討しているが導入時期未定のため、現在対象資料は未想定
関東	市町村立	地域資料等保存を優先させたいが活用してもらいたい、その様な資料をデジタル化し提供することができればと考えています
関東	市町村立	郷土資料
関東	市町村立	郷土資料
関東	政令市立	流行本（一時的に貸出が集中すると思われる本）
関東	市町村立	自治体の郷土資料
関東	市町村立	検討中です
関東	都道府県立	学術書 資格取得、語学学習に利用できる書籍（ビジネスパーソン向け）
関東	特別区立	検討中
関東	市町村立	地域資料
関東	市町村立	できれば全文検索が可能な形態でやりたい
関東	市町村立	優先度が高いものとして地域資料が挙げられます
関東	市町村立	未定
関東	市町村立	具体的な検討はしていない
関東	政令市立	流行本（一時的に貸出が集中すると思われる本）
中部	都道府県立	未検討のため

中部	市町村立	現在のところ未定
中部	都道府県立	地域資料
中部	市町村立	郷土資料
中部	市町村立	地域資料
中部	市町村立	実施を考えていません
中部	市町村立	郷土資料
中部	市町村立	地域資料の提供
中部	市町村立	郷土資料
中部	都道府県立	地域資料・県立図書館、市町立図書館と共同で検討した結果、提供すべきとされる分野
中部	政令市立	郷土資料の電子化、提供
中部	市町村立	自治体の資料
中部	市町村立	地域資料をデジタル化した資料の提供
中部	市町村立	郷土資料
中部	市町村立	地域資料の提供が最優先と考えています
中部	市町村立	郷土資料
中部	市町村立	遠い将来には［質問10-2］のような資料提供も現実的になるかもしれないが、実際には［質問10-1］のように自分の自治体に関する資料の提供が優先度が高いと考える
中部	市町村立	資格取得のための問題集・テキストのような、図書館で購入しにくい資料
中部	市町村立	郷土資料
中部	市町村立	特に今のところ電子書籍サービスは考えてはいない
中部	市町村立	絶版となっている書籍。洋書等海外書籍
近畿	市町村立	白書・統計・行政計画書類。過去の白書・統計・行政計画書類は、過去の状況を遡って調べる際に必要ですが、定期的にどんどん発行されるため、広い保管場所を要するのが悩みです。これらの書籍・新聞等は、紙の現物を保存する必要性は薄く、電子での保存・貸出に移行したいと考えるものの一つです。雑誌は、紙の出版物を楽しむもの（趣味系）と。文字やデータさえ読めれば、紙の出版物にこだわらないもの（学術系）とがあり、後者は電子化に馴染みやすいと思われます
近畿	市町村立	地域資料
近畿	市町村立	現時点では未検討。どちらかと言えば館として「活字文化の推進」が定着しているのが現状である
近畿	市町村立	郷土資料
近畿	市町村立	各都道府県の郷土資料や、絶版等の理由により入手可能な資料
近畿	市町村立	未検討
近畿	市町村立	郷土資料
近畿	都道府県立	今後、具体的に導入を検討する段階で検討すべき事項であると思われます
近畿	市町村立	古文書
近畿	市町村立	郷土資料をデジタル化し、保存、活用できれば良いと考える
近畿	市町村立	郷土資料
近畿	市町村立	地域資料
近畿	市町村立	市政資料（パンフレットやチラシを含む）や古文書を電子化したもの
近畿	政令市立	具体的な検討が行えていないため、提供分野を絞り込めていない
近畿	都道府県立	3Dや芸術関係などの電子書籍の特徴を活かす資料や、地域資料。塗り絵や迷路など、リハビリにも役立つ資料
近畿	市町村立	郷土資料
近畿	市町村立	郷土資料関係（自治体発行のような一般流通していない資料）

近畿	市町村立	郷土資料
近畿	市町村立	地域資料
近畿	市町村立	現在、移民資料のデジタルアーカイブ化を試験的に行っています
近畿	市町村立	地域資料
近畿	市町村立	［質問10-1］（1）未実施（5）実施済み［質問10-2］（13）郷土資料
中国・四国	市町村立	郷土資料
中国・四国	都道府県立	検討中
中国・四国	市町村立	郷土資料
中国・四国	市町村立	郷土資料
中国・四国	市町村立	郷土史料
中国・四国	市町村立	3Dや芸術関係などの電子書籍の特徴を活かす資料や、地域資料。塗り絵や迷路など、リハビリにも役立つ資料
九州・沖縄	市町村立	官報
九州・沖縄	市町村立	郷土資料
九州・沖縄	市町村立	郷土・行政資料
九州・沖縄	市町村立	古文書
九州・沖縄	市町村立	自館にある地域資料
九州・沖縄	都道府県立	具体的な検討は行っていない
九州・沖縄	市町村立	郷土資料
九州・沖縄	市町村立	郷土資料
九州・沖縄	市町村立	当館保有の古文書
九州・沖縄	都道府県立	郷土資料
九州・沖縄	市町村立	行政資料、地域資料
九州・沖縄	市町村立	地域の資料（町史編纂等が作成した資料）の提供

【11】電子書籍サービスにおいて、期待している機能等について

【質問 11-1】 電子書籍で期待している機能を、選択肢からご選択下さい（複数選択可）

（1）音声読み上げ機能　（2）文字拡大機能
（3）文字と地の色の反転機能（読書障がい対応）
（4）マルチメディア機能（映像や音声、文字などのリッチコンテンツ提供）
（5）資料データベースサービス　（6）電子書籍の紙出力による提供
（7）必要なコンテンツ発見の検索サービス　（8）その他

●集計結果（回答館数 714 館～複数回答あり）

	館	/791
（1）音声読み上げ機能	520	66%
（2）文字拡大機能	560	71%
（3）文字と地の色の反転機能（読書障がい対応）	377	48%
（4）マルチメディア機能（映像や音声、文字などのリッチコンテンツ提供）	305	39%
（5）資料データベースサービス	356	45%
（6）電子書籍の紙出力による提供	131	17%
（7）必要なコンテンツ発見の検索サービス	285	36%
（8）その他	29	4%
合計	2,563	
回答なし	77	10%

【質問11-2】 質問11-1で（8）の「その他」を選択した方について、記入できることがありましたらご記入ください

［記入37館］

北海道・東北	市町村立	現在、調査研究中です
関東	市町村立	管理上の利便性
関東	市町村立	導入を検討しているが導入時期未定のため、現在は未想定
関東	市町村立	非来館による貸出・返却
関東	市町村立	検討中です
関東	都道府県立	全文検索
関東	特別区立	書架スペース節約、確実な返却、書き込み・破損の防止
関東	特別区立	検討中
関東	特別区立	地域に関連する情報
関東	市町村立	具体的な検討はしていない
関東	市町村立	高齢者への読書支援のツールとして期待している
中部	都道府県立	未検討のため
中部	市町村立	目次、総合索引（索引による串刺し検索）、グロッサリー（用語集）のピックアップ、索引や用語集とWikipediaなどとのリンク
中部	市町村立	期待する機能を具体的にイメージできるほど直近の取組が求められていると考えていない
中部	市町村立	更新機能
近畿	市町村立	著作権フリーな白書や統計、行政計画等は、テキストデータでの提供、統計は、CSVデータやエクセルデータでの提供も考えられると思います
近畿	市町村立	未検討
近畿	市町村立	視覚障がい者のための電子書籍のネットワーク
中国・四国	都道府県立	検討中
中国・四国	市町村立	延滞・督促業務の軽減
中国・四国	都道府県立	検討中
中国・四国	政令市立	来館が不要で、かつ24時間の利用ができるところ
中国・四国	市区町村立	現状として、正規職員が短期間で異動になるため、将来にむけての図書館サービス（電子書籍等）についてのビジョンが構築できない。現段階では、実際にサービスを提供している公共図書館へ見学の上、当館においてのサービス等を検討していきたい
中国・四国	市区町村立	市町村図書館の規模や環境は様々で、すべての図書館が各々で取り組むには電子書籍サービスはとても難しい事業である。（知識・予算・人材等環境面すべてにおいて）たとえば国立電子図書館として全国民を利用対象とし、手続き等のアシストを公共図書館が行うような考え方もできるのではないか
中国・四国	市区町村立	市町村立図書館レベルでは、貴重な郷土資料をデジタルアーカイブ化するのが精一杯で、電子書籍サービスを提供するには担当の職員を配置する必要があり、実施するのは難しい状況
中国・四国	市区町村立	人気コンテンツが少なく、利用者の期待を裏切るのではないか。蔵書としての所蔵ができないコンテンツが多く資料保存の役割ができない
中国・四国	市区町村立	蔵書数も資料費も少ない館なので、電子書籍サービスまで取り組むことが困難である
中国・四国	市区町村立	電子書籍サービスの現況を示された上で、アンケートをされるべきでは？

中国・四国	市区町村立	電子書籍を導入するにあたって、この知識を得る場（研修会等）がないため、独自で学ぶ手法しかない。こういった研修の場を設けて欲しい
中国・四国	市区町村立	電子書籍利用（希望）者は、利用が公共図書館に限定されない限り、公共図書館を利用するとは考えられない
九州・沖縄	政令市立	資料保存の省スペース化
九州・沖縄	市区町村立	電子書籍はサービスが中止になった場合、手元に何も残らないので不安。電子書籍会社を変更すると、それまでに導入した書籍を読めなくなるため、同一会社と継続して契約する必要があり、入札等で費用を削減する事が出来ないためコストがかかる
九州・沖縄	市区町村立	小規模自治体の図書館には不向きである（直接、本を手にする機会が減る等）
九州・沖縄	都道府県立	図書館で電子書籍サービスを行うということは、よく話題になっているが、「なんのために電子書籍を導入するのか」という議論が全く聞こえてこない。電子書籍の購入目的の一つとしては、量の軽減化が言われている。が、これだけでは図書館が電子書籍を導入する理由にはなりえない。 また、図書館が無料で提供することが義務付けられているため、図書館が無料で提供する電子書籍コンテンツについては、民間の有料電子書籍サービスが成り立たなくなる。将来にわたって文化を守るという観点から議論をしっかりすべきであるが、見えてこない
九州・沖縄	市区町村立	電子書籍サービスについては、なかなか検討する段階まで至っていないのが現状です
九州・沖縄	市区町村立	電子書籍についてはまだ勉強不足なので、積極的に学ぶ必要があると感じています。現状では人員も不足しているので、そこも障害ではあります
九州・沖縄	市区町村立	予算が少なく、図書購入が十分でない状態で、電子書籍サービス展開の優先順位は当館では低くならざるを得ない

【12】電子書籍貸出サービスにおいて、懸念されている事項について

【質問 12-1】 電子書籍貸出サービスの懸念される事項がありましたら、選択肢からご選択下さい（複数回答可）

（1）提供されているコンテンツが少ない　（2）新刊のコンテンツが提供されにくい
（3）コンテンツの規格がわかりにくい　（4）コンテンツの価格
（5）コンテンツ購入（提供）費用の会計処理の基準
（6）コンテンツを閲覧するビューアが自由に選べない
（7）その他

●集計結果（回答館数 702 館～複数回答あり）

	館	/791
（1）提供されているコンテンツが少ない	446	56%
（2）新刊のコンテンツが提供されにくい	331	42%
（3）コンテンツの規格がわかりにくい	223	28%
（4）コンテンツの価格	453	57%
（5）コンテンツ購入（提供）費用の会計処理の基準	257	32%
（6）コンテンツを閲覧するビューアが自由に選べない	222	28%
（7）その他	45	6%
合計	1,977	
回答なし	89	11%

【質問 12-2】 電子書籍サービス導入についての課題（電子書籍コンテンツ以外）について、懸念される事項がありましたら、選択肢からご選択下さい（複数回答可）

（1）電子書籍サービス維持の予算の確保
（2）電子書籍サービスを担当する部署、担当者の問題
（3）電子書籍サービスが継続されるかどうか（サービス中止に対する不安）
（4）自治体や議会等に電子書籍サービスについて理解を得ること
（5）デジタルアーカイブサービスの継続
（6）図書館の電子資料を他の図書館へ貸出すための方法や基準
（7）サービスを導入するための十分な知識（経験）がない
（8）サービス提供会社の選択する基準や方法がわからない
（9）利用者に対する電子書籍サービスの説明
（10）その他

●集計結果（回答館数 726 館～複数回答あり）

	館	/791
(1) 電子書籍サービス維持の予算の確保	587	74%
(2) 電子書籍サービスを担当する部署、担当者の問題	279	35%
(3) 電子書籍サービスが継続されるかどうか（サービス中止に対する不安）	375	47%
(4) 自治体や議会等に電子書籍サービスについて理解を得ること	203	26%
(5) デジタルアーカイブサービスの継続	154	19%
(6) 図書館の電子資料を他の図書館へ貸出すための方法や基準	209	26%
(7) サービスを導入するための十分な知識（経験）がない	439	55%
(8) サービス提供会社の選択する基準や方法がわからない	242	31%
(9) 利用者に対する電子書籍サービスの説明	174	22%
(10) その他	37	5%
合計	2,699	
回答なし	65	8%

【質問 12-3】 質問 12-1 で（7）、12-2 で（10）の「その他」を選択した方について、記入できることがありましたらご記入ください

［記入 43 館］

北海道・東北	政令市立	当館の電子書籍貸出サービスはSaaS型のサービスであるため、提供会社都合のシステム停止（メンテナンスやバージョンアップ）や仕様変更が多い。反対に、他の利用団体（県立・私立図書館等）に影響の少ない不具合や個別要望などなかなか対応してもらえない
北海道・東北	市町村立	コンテンツ供給者の廃業時の継続利用の可否 相互貸借等、国内図書館間の関係性の希薄化
北海道・東北	市町村立	電子書籍サービスを提供するための設備の確保 利用者ニーズとして電子書籍がどれほど望まれているか
北海道・東北	市町村立	電子書籍ファイルの貸出と返却の方法 DRMなどコンテンツ保護のためのプログラムの導入など
北海道・東北	市町村立	現在、調査研究中です
北海道・東北	市町村立	当館ではまず、電算化システムが導入されていないため、電子書籍サービスを導入する前にそちらから取り組まなければ、資料管理が行えません

北海道・東北	都道府県立	［質問12-1］（7）について、サービス終了時に蔵書構成に影響が出てしまう
北海道・東北	市町村立	提供企業の継続性
北海道・東北	市町村立	購入した電子書籍のアクセス権が一定期間で消尽し、図書館・自治体に残らないという問題
関東	市町村立	現在は未想定、今後情報収集をして検討していく
関東	市町村立	検討中です
関東	特別区立	永続的に図書館の蔵書とすることができるか不明
関東	特別区立	検討中
関東	市町村立	図書館向けの電子書籍提供（電子図書館システムとは連動しない形での）がいつごろ行われるか
中部	都道府県立	コンテンツの価格について補足、定額制か従量制かなど
中部	市町村立	12-1について。契約と予算のこと。使用料の支払いを停止すると使用できない点。紙の本は購入すれば使用を継続できる
中部	市町村立	検討中のため、懸念事項については現段階では不明
中部	都道府県立	未検討のため
中部	市町村立	電子書籍がどれほど入館者に必要とされているか分からない。また、電子書籍システム導入の場合、その維持管理について事務的負担の増大が予想される
中部	市町村立	公費を投入しても、印刷書籍のような備品／財産になっていかないこと
中部	市町村立	サーバー上で行うサービスであるので、各自治体が独自に行う必然性に乏しいと感じる。マス媒体が対象であるものについては国が運営すれば1つで済むため効率的と考える
中部	市町村立	電子書籍サービスへの利用者ニーズの把握ができていない
中部	市町村立	電子書籍サービスを提供できる環境の整備（システム、使用端末など）
中部	市町村立	［質問11-2］にも書いたことと、予算が付かないこと、担当する職員がいないことから、検討や研究が必要と思うが手が付かない状況である
中部	市町村立	まだ本格的な検討をする前なので、何が課題となるかが十分把握していない
近畿	都道府県立	商用サービス導入にあたっては、紙資料と異なり単一の事業者との契約となり、事業者によってサービス内容、提供方法、コンテンツが実質的に制限されて、選択の幅がない
近畿	政令市立	利用者が興味を抱くような魅力あるコンテンツが圧倒的に不足している
近畿	市町村立	未検討
近畿	市町村立	電子書籍貸出サービスに対して、住民のニーズがあるのか不明
近畿	都道府県立	電子書籍の寄贈を受けることが可能かどうか
近畿	都道府県立	検討中
近畿	市町村立	何回か電子化の予算をお願いしているが、現状は手作業の図書館につき課題までいかない
近畿	市町村立	現時点においては電子書籍サービスの要望等もないため、導入後の利用予測が難しい
中国・四国	都道府県立	コンテンツの所蔵権がないこと
中国・四国	市町村立	図書館の役割の一つである資料の保存について、電子書籍は難点がある
中国・四国	市町村立	会計処理の方法・規則や要綱・利用者への説明等の他都市のサンプルが有ったら知りたい（図書館のホームページでわかるものより詳細に）
中国・四国	市町村立	電子書籍サービスの需要がどの程度あるのか予測しづらい
中国・四国	市町村立	サービスやコンテンツの継続性。資料の所有権がなく、提供者の権限で書き換え可能（同一性の保持がない）こと

中国・四国	市町村立	自館のサービス計画の策定（導入時期やサービスレベル、範囲等）
九州・沖縄	都道府県立	［質問12-1］無料で提供することに伴う民業圧迫［質問12-2］デジタルアーカイブサービスではなく、電子書籍サービスを行う必要性
九州・沖縄	都道府県立	電子書籍サービスがデータの貸与であり、紙の資料と異なり、所蔵できずに費用が発生すること
九州・沖縄	市町村立	使用権のみでサービス終了とともに、かけた税金（電子書籍購入予算）が無駄になる事
九州・沖縄	都道府県立	非電子書籍サービスへの影響

【13】地域小中高等学校の図書館（図書室）への支援について

【質問 13-1】 貴館の地域の学校図書館への支援について現在の状況を以下からご選択ください（複数選択可）

（1）紙の資料・書籍の貸借などの支援を行っている
（2）デジタル資料・電子書籍に関する支援を行っている
（3）特に支援は行っていない
（4）その他

●集計結果（回答館数 767 館〜複数回答あり）

	館	/791
（1）紙の資料・書籍の貸借などの支援を行っている	711	90%
（2）デジタル資料・電子書籍に関する支援を行っている	11	1%
（3）特に支援は行っていない	45	6%
（4）その他	43	5%
合計	810	
回答なし	24	3%

【質問 13-2】 質問 13-1 で（4）の「その他」を選択した方について、記入できることがありましたらご記入ください

［記入 40 館］

北海道・東北	市町村立	必要に応じて、学校図書館の運営等についての相談に応じている
北海道・東北	市町村立	図書館システムの導入、巡回司書の配置
北海道・東北	市町村立	読み聞かせ、ブックトークなどの授業支援
北海道・東北	市町村立	図書館システムを学校連携システムに更新し、平成27年度から実施する
北海道・東北	市町村立	町立図書館と学校図書館が、図書館システムによって連携している
北海道・東北	市町村立	①学校図書館の運営相談等に対する支援 ②学校図書館担当者情報交流会の開催
北海道・東北	市町村立	図書整理員研修、配架・資料分類等の助言
北海道・東北	市町村立	学校図書館業務支援員を置き 支援を要望する小・中学校に派遣している
北海道・東北	市町村立	図書室整理等の相談受付 依頼をうけて「おはなし会」を実施するなど、読書推進活動を支援
北海道・東北	市町村立	学校司書の研修、派遣および目録のデータ化等の支援
関東	市町村立	よみきかせボランティアの派遣、レファレンス対応、新刊情報提供、読書週間行事における連携など

関東	市町村立	月1回、小中学生それぞれに向けた図書館通信を発行、全児童生徒分を印刷し学校へ配布を依頼している
関東	市町村立	町図書館で除籍となった資料を学校司書を通じて配布
関東	市町村立	小学校への移動図書館の運行や、クラスへの貸出という形で支援を行っている
関東	特別区立	資料活用支援、環境整備支援、選書・蔵書点検支援等
関東	特別区立	当館のデジタルアーカイヴは利用者の制限がないので、地域の学校で活用してもらうことが可能
関東	市町村立	研修、資料相談など人的支援
関東	市町村立	学校訪問（図書室の整理・運営に関する相談、アドバイスおよび研修・講座）
中部	市町村立	市内小学校の蔵書データと公共図書館の蔵書データを統合し、学校図書室のOPACから公共図書館の資料を検索・予約し、学校図書室で受け取る（貸出）ことができるシステムを運用中
中部	都道府県立	レファレンス、収書や学習支援の参考となる図書リストの配信、HP
中部	市町村立	移動図書館車により、直接児童に書籍の貸出を行っている
中部	都道府県立	学校における読書活動推進のため、関連情報の収集及び提供、読書に関する相談の受付、講師派遣、子ども読書ボランティアバンク、研修会の開催等のサービス提供、普及啓発活動。学校支援セット貸出。職場体験等
中部	市町村立	公共図書館・学校図書館間物流（週1回実施）
中部	市町村立	職員間での連絡会、研修会を行っている
中部	市町村立	OPACやネット予約などの出前利用講座開催を校長会などで呼びかけている
中部	市町村立	司書の派遣のほか、学校図書館を地域に開放し、一般市民も身近なところで図書サービスが受けられるようにしている
中部	市町村立	ブックトーク、職場体験、教員10年目研修の受け入れ、図書館見学の受け入れ
中部	市町村立	司書資格を持つ嘱託職員が中央図書館から各小中学校へ巡回を行っている。読書指導、選書、ブックトーク、ストーリーテリング他、学校図書館管理全般を担う
中部	市町村立	資料・書籍の貸出支援だけではなく、専門知識のある図書館司書を学校へ派遣している
近畿	都道府県立	来館型調べ学習等の受け入れ
近畿	市町村立	職業体験・施設見学の受入、学校図書館担当者（サポーター）向け研修への講師派遣
近畿	市町村立	視覚障害児童にデイジー資料の貸出をしたことがある
近畿	市町村立	出張おはなし会、子ども読書推進連絡会、資料修理研修（予定）
中国・四国	市町村立	PTAへの読書推進の啓発
中国・四国	市町村立	図書館管理システムの導入と運用支援
九州・沖縄	政令市立	本年4月から「学校図書館支援センター」を開設しているが、デジタル資料や電子書籍などの支援は行っていない
九州・沖縄	市町村立	紙の資料・書籍の貸借を予定しており準備中です
九州・沖縄	市町村立	定期的な公共図書館司書・学校図書館司書研修会 出前お話会
九州・沖縄	市町村立	連携会議の開催、移動図書館サービス
九州・沖縄	市町村立	学校司書研修への講師派遣。学校図書館訪問

【14】その他ご意見等

【質問 14】 その他、全体を通してご意見等ございましたら、ご記入下さい

［記入 25 館］

北海道・東北	市町村立	公共図書館全体での電子書籍の位置付け、方向付けがないまま各館裁量でサービス構築が進んでいるように見受けられる。供給者との権利調整を含めた、図書館界全体での整理が望まれる
北海道・東北	市町村立	電子書籍に関するサービスについては、知識が少なくこれからの課題と考えている
北海道・東北	市町村立	古い町史などをデジタル化しなければ……と思っているが、進まない。知識と費用の面でも
北海道・東北	都道府県立	導入されている各図書館の利用実績、また電子書籍サービスを提供することで、便利になった、支援ができた等、具体例がもっと知りたい
関東	市町村立	公共図書館として電子書籍サービスを実施するのであれば、ぜひクリアしたい課題に、調べ学習時に於ける学校等への貸出である。同時期に複数校からの要望には複本が無ければ対応出来ない。電子書籍で一度に複数の学校が利用出来る条件がクリアされれば、サービスの有効性が大幅に向上すると思われる
関東	市町村立	電子書籍サービスについてはいろいろ不明な点が多いので、今後共通した提供方法などが整備されるといいと思います
関東	市町村立	電子書籍導入経費の主体はデータ使用料であり、紙資料のように実物が手元に残るものではない。将来的に導入する場合においても、その点の説明と、実物資料と電子データの導入区分をしっかりと行う必要があるだろう
関東	市町村立	今後はより一層、利用者からの要望が予想されるため、予算対応等で検討していきたい
関東	特別区立	将来、電子書籍のみで紙媒体の出版がない資料も出現すると思います。そうなれば、図書館、出版者の思惑にかかわりなく利用者からの求めに応じて導入せざるを得ない時期が来ると思います
関東	市町村立	書籍ではないので利用にあたってライセンスに縛られるので、従来のような利用をしたい旧来の図書館では導入したとしても限定的な利用にならざる得ないのではないでしょうか
中部	市町村立	日本図書館協会や都道府県の図書館協会などで、電子書籍やデジタル資料（図書館法的にいえば「電磁的記録」資料）に関する研究分科会が少ないと思われ、情報や知識の共有がなかなか進まない。 そのあたりから取り組んでいきたい
中部	市町村立	電子書籍はコンテンツ提供が有期であったり、ダウンロードできないなど使い勝手が悪い面があり、まだ実験段階ではないかと思う
中部	市町村立	図書館界・出版界等の電子書籍サービスの現状が分からない
中部	市町村立	電子図書館・電子書籍サービスについては、以前から研究を行っており、導入時期や方法については状況を見ながら検討していきたい
中部	市町村立	現在導入している電子書籍を、時期尚早かと思う時もある。しかし、図書館でもデジタル資料の提供は必要だと考えているので、購入可能なコンテンツ（特に文芸書）の増加を期待している
中部	市町村立	電子書籍は、フォーマットの標準化、永続性、購入ではなく使用料であること、公共図書館向きのコンテンツが少なく図書館側の選書ができない（選択肢が少ない）、等、まだ時期尚早と考えます

中部	市町村立	まずはもっとも利用されている文芸書、ベストセラーなどの電子書籍化されたものを図書館で貸出可能となってゆかなければ、図書館から市民に対する電子書籍サービスの普及は難しい。出版社が損をせぬような仕組を国が作ってゆく必要性。地域資料や貴重資料のアーカイブについては、地方自治体が簡単に予算を取ってできる話でない。地方自治体の教育委員会の予算の多くは現在施設の耐震補強などに使う必要があり、不急の業務はあと。そんな状況のなか、自治体負担でデジタルアーカイブの予算が簡単に取れて発展してゆこうはずはない。国が大きなビジョンを描いた上で進めてゆくべき業務であると私は考えている。そして早急に進めてゆかないと、指定管理化などにより、図書館から貴重な資料が散逸する可能性もあることにも留意が必要であろう
近畿	市町村立	行政の計画書や白書・統計等は、紙での提供を中止・縮小して、インターネットだけでの公開とすることも増えており、電子書籍サービスの先端を行っていると言えなくもない。この場合、情報へのアクセスがインターネット利用者に限られることや、データ公開が終わったら、過去の資料を見ることができなくなる等の問題があります。インターネットだけで公開される資料類を、いかに覚知し、収集・保存し、閲覧に供していくのか、課題だと考えています
近畿	市町村立	電子書籍提供会社などの統一を諮っていただき、システムのパッケージとして提供していただければ、利用する側は、手続きなどが簡略できる
近畿	市町村立	小さな町での図書館は予算確保が難しく、すべて手作業で行っている状況であるため、電子化部分については、相当の国等の補助金がない限り進展しないのではないか
中国・四国	市町村立	「電子図書館・電子書籍貸出サービス 調査報告2014」（ポット出版）は大変参考になります。今回も出版していただけたら、うれしいです
九州・沖縄	市町村立	デジタル資料の導入は経費がかかる割に利用が見込めるコンテンツなどが少なく、利用者が限られる
九州・沖縄	市町村立	平成26年に開館した図書館ですので、まだ新しい事に取り組む状態まで進んでいないのが現状です
九州・沖縄	市町村立	図書館で直接、本に親しむ人が減少する
九州・沖縄	市町村立	日々の業務に追われデジタル資料に関して勉強不足なので、今後県内の公共図書館でも連携して予算等に関しても学ぶ必要があると感じています。障害者サービスの面からも、今後取り入れる必要はあると考えています

図書館の電子書籍に関する用語の説明

●電子図書館サービス

公共図書館が提供するサービスとして、デジタルアーカイブの提供や電子書籍や映像資料・音声資料など電子コンテンツの提供、インターネット利用の提供、またデータベースを使った文献検索などのサービスの総称。

●電子書籍サービス

「電子書籍」を提供する電子図書館サービスの一つ。外部事業者提供の電子書籍サービスと自館電子書籍サービスがある。本アンケートでは外部事業者提供の電子書籍サービスを「電子書籍貸出サービス」という。

●電子書籍コンテンツ

（アンケート中は単に「コンテンツ」と略すことがあります）

電子書籍サービスとしてパソコンやタブレット・スマートフォン、携帯電話などに提供される電子版の書籍コンテンツ。

電子的提供ができるように、著作権者との権利処理を行い、電子的にデータベース検索ができるように書誌情報などを総合的に提供されます。

●電子書籍端末

電子書籍を閲覧できる（読むことができる）電子機器。電子書籍端末は、専用機（Amazon Kindle や Kobo など）と、汎用機（iPad などタブレット、Android や iPhone などスマートフォン、PC など）に区分されます。

●デジタルアーカイブ

図書館が所有する独自の資料、冊子、書物をデジタル化して保存、提供すること。

●国立国会図書館「デジタル化資料送信サービス」

国立国会図書館がデジタル化した資料のうち、入手困難な資料を図書館等に送信することができるようになったことにより開始された、図書館向けデジタル化資料送信サービスのことを言います。

国立国会図書館の承認を受けた図書館等においては、送信を受けた資料の閲覧・複写サービスが実施されています。

詳細は以下のページに記載があります。

http://www.ndl.go.jp/jp/library/service_digi/

【質問 12-2】電子書籍サービス導入についての課題（電子書籍コンテンツ以外）について、懸念される事項がありましたら、選択肢からご選択下さい（複数回答可）

(1)電子書籍サービス維持の予算の確保
(2)電子書籍サービスを担当する部署、担当者の問題
(3)電子書籍サービスが継続されるかどうか（サービス中止に対する不安）
(4)自治体や議会等に電子書籍サービスについて理解を得ること
(5)デジタルアーカイブサービスの継続
(6)図書館の電子資料を他の図書館へ貸出すための方法や基準
(7)サービスを導入するための十分な知識（経験）がない
(8)サービス提供会社の選択する基準や方法がわからない
(9)利用者に対する電子書籍サービスの説明
(10)その他

【質問 12-3】質問 12-1 で(7)、12-2 で(10)の「その他」を選択した方について、記入できることがありましたらご記入ください

【13】貴館における、地域小中高等学校の図書館（図書室）への支援について

公共図書館の活動として、自治体の小中高等学校図書館・図書室（以下、学校図書館とします）への支援があるかと存じます。教育の情報化の進展においては、学校図書館においても、デジタル化が進展するものと考えられます。
今回のアンケートにおいて、今後の自治体の教育のデジタル化（ＩＣＴ化対応）の検討の意味で、公共図書館の学校図書館へのデジタル資料や電子書籍などでの支援状況を、把握したいと存じますので、以下の質問にご協力お願いします。

【質問 13-1】貴館の地域の学校図書館への支援について現在の状況を以下からご選択ください（複数選択可）
(1)紙の資料・書籍の貸借などの支援を行っている
(2)デジタル資料・電子書籍に関する支援を行っている
(3)特に支援は行っていない
(4)その他

【質問 13-2】質問 13-1 で(4)の「その他」を選択した方について、記入できることがありましたらご記入ください

【14】その他ご意見等

【質問 14】その他、全体を通してご意見等ございましたら、ご記入下さい

最終ページ

【質問 9-2】質問 9-1 で(9)の「その他」を選択した方について、記入できることがありましたらご記入ください

【10】貴館で電子書籍提供で望まれる分野について

【質問 10-1】電子書籍等の提供で自館の実施している、または実施したいサービスについて、以下ご選択ください（複数回答可）

(1) 自館オリジナルの電子書籍（電子資料）提供サービス
(2) 自治体の広報、資料等の提供サービス
(3) 電子書籍（商用＝著作権が有効）
(4) 著作権の権利機間終了タイトル（パブリックドメイン）
(5) 国会図書館提供の「デジタル化資料送信サービス」の提供

【質問 10-2】電子書籍貸出サービスにおいて、提供される分野について、下の選択肢から優先度の高いと思われる分野を5つまでご選択下さい（5つ以下でも結構です）

(1)文芸書
(2)実用書
(3)ビジネス書
(4)専門書（ビジネス書以外）
(5)学習参考書（語学）
(6)児童書・絵本
(7)図鑑、年鑑
(8)辞書・辞典
(9)コミック
(10)雑誌
(11)新聞
(12)写真集
(13)その他

【質問 10-3】質問 10-2 で(13)の「その他」を選択した方、及び質問 10-1 に対して、記入できることがありましたらご記入ください

2015年「公共図書館の電子図書館・電子書籍サービスのアンケート」

【11】貴館で電子書籍サービスにおいて、期待している機能等について、お尋ねします

【質問 11-1】電子書籍で期待している機能を、選択肢からご選択下さい（複数選択可）

(1)音声読み上げ機能
(2)文字拡大機能
(3)文字と地の色の反転機能　(読書障がい対応)
(4)マルチメディア機能（映像や音声、文字などのリッチコンテンツ提供）
(5)資料データベースサービス
(6)電子書籍の紙出力による提供
(7)必要なコンテンツ発見の検索サービス
(8)その他

【質問 11-2】質問 11-1 で(8)の「その他」を選択した方について、記入できることがありましたらご記入ください

【12】電子書籍貸出サービスで懸念されている事項について

【質問 12-1】電子書籍貸出サービスの懸念される事項がありましたら、選択肢からご選択下さい（複数回答可）※質問 4-15 で既に回答している場合は選択なしで結構です

(1)提供されているコンテンツが少ない
(2)新刊のコンテンツが提供されにくい
(3)コンテンツの規格がわかりにくい
(4)コンテンツの価格
(5)コンテンツ購入（提供）費用の会計処理の基準
(6)コンテンツを閲覧するビューアが自由に選べない
(7)その他

【7】国立国会図書館が平成 26 年 1 月から開始した「デジタル化資料送信サービス」に対する対応について

※国立国会図書館「デジタル化資料送信サービス」については、巻末の「図書館の電子書籍に関する用語の説明」をご参照下さい

【質問 7-1】国立国会図書館の「デジタル化資料送信サービス」への対応について、選択肢からご選択下さい（一つ選択）

(1)申し込んで、閲覧・複写サービスを開始している
(2)申し込んで、閲覧サービスのみ開始している
(3)27 年中に申し込みをする予定で検討している
(4)28 年以降に申し込みをする予定で検討している
(5)現在のところ申し込む予定はない
(6)その他

【質問 7-2】質問 7-1 で (3) (4) を選択した方について、申し込みにおける課題がありましたら、選択肢からご選択下さい（複数選択）

(1)機材環境（端末・通信回線）がない
(2)サービス担当者がいない
(3)サービスの内容が分からない
(4)申し込みの手続きが複雑
(5)規則類が整っていない
(6)その他

【質問 7-3】質問 7-1 で (1) (2) を選択した方について、実際にサービスを利用して課題がありましたら、ご記入下さい

【質問 7-4】質問 7-1 で (6)、7-2 で (6) の「その他」を選択した方についてご意見等ございましたら、記入できることがありましたらご記入ください

【8】電子図書館サービス・電子書籍サービスで導入・検討しているサービスについて

【質問 8-1】電子図書館サービスとして提供を検討しているサービス（既に導入しているサービスを含む）について、選択肢からご選択下さい（複数選択可）
※「電子図書館サービス」「電子書籍サービス」については、巻末の「図書館の電子書籍に関する用語の説明」をご参照下さい

(1)自館デジタルアーカイブ
(2)自館電子書籍等サービス
(3)電子書籍貸出サービス
(4)データベースサービス（外部事業者提供）
(5)国立国会図書館「デジタル化資料送信サービス」
(6)音楽配信サービス
(7)DAISY 図書サービス
(8)電子書店との検索機能（OPAC）リンクサービス
(9)国立国会図書館サーチの外部提供インターフェイス（API）を利用した検索サービス
(10)その他

【質問 8-2】質問 8-1 で (10) の「その他」を選択した方について、記入できることがありましたらご記入ください

【9】電子書籍サービスの提供の対象となる人について

※すでに電子書籍サービスを行っている図書館、未実施の図書館両方お答え下さい

【質問 9-1】電子書籍を提供する主な対象はどのような方でしょうか、選択肢からご選択下さい（複数選択可）

(1)幼児・児童（～小学生）
(2)生徒（中学生～高校生）
(3)学生（大学生等）
(4)ビジネスパーソン
(5)主婦
(6)高齢者（65 歳以上）
(7)図書館利用に障がいのある人
(8)非来館者（これまで図書館を利用しなかった、出来なかった住民の方）
(9)その他

【6】貴館における「デジタルアーカイブ」について

【質問 6-1】貴館における「デジタルアーカイブ」の状況について、選択肢からご選択下さい（複数選択可）

※「デジタルアーカイブ」については、巻末の「図書館の電子書籍に関する用語の説明」をご参照下さい

(1)「デジタルアーカイブ」の提供を実施している
(2)試験的に実施中
(3)実施の予定あり
(4)実施の予定なし
(5)その他

【質問 6-2】質問 6-1 で(1) (2) を選択された場合について、これまで貴館独自にデジタル化した資料点数は延べでどれくらいありますか、延べ点数をご記入下さい

（　　　　　）点

【質問 6-3】質問 6-1 で(5)の「その他」を選択された場合について、記入できることがありましたらご記入ください

【質問 6-4】貴館における「自館のデジタルアーカイブ」の課題点を選択肢からご選択下さい（複数選択可）

(1)資料などをデジタル化するための環境（情報機材、ネットワーク環境等）
(2)デジタル化するための権利処理問題（権利者の問題や、権利処理のためのノウハウの問題含む）
(3)デジタル化した資料のデータベース化や ID や書誌データ付与
(4)デジタル化予算措置
(5)担当者、人材不足
(6)デジタル化するための十分な知識や経験がない
(7)適当な外部事業者がない
(8)その他

【質問 6-5】質問 6-4 で(8)の「その他」を選択された場合について、記入できることがありましたらご記入ください

2015年「公共図書館の電子図書館・電子書籍サービスのアンケート」

【質問 6-6】国立国会図書館が既にデジタル化した資料や、国立国会図書館がこれまで収集した地域資料を活用できると良いと思われますか、選択肢からご選択下さい（一つ選択）

※ 国立国会図書館では自治体のウェブサイトを収集しており、過去に自治体が発信した地域資料等についても収集しているものがあります

(1)ぜひ活用したい
(2)関心はある
(3)特に関心はない
(4)その他

【質問 6-7】質問 6-6 で(1) (2) を選択された場合について、想定される活用例などがありましたらご記入ください。

【質問 6-8】質問 6-6 で(4)の「その他」を選択された場合について、記入できることがありましたらご記入ください

【5】電子書籍サービスを実施していない方に、以下お尋ねします（質問3-1で(2)を選択）

【質問 5-1】電子書籍サービス未実施館の方へ、貴館の電子書籍サービスへの検討状況について、選択肢からご選択下さい（一つ選択）

(1)電子書籍サービスを実施する予定が具体的にある
(2)電子書籍サービスの実施を検討中（まだ具体的でない）
(3) 電子書籍サービスを実施する予定はない

【質問 5-2】質問 5-1 で(1) (2)を選択いただいた方で、予定開始時期があれば選択肢からご選択下さい（一つ選択）

(1)平成 27 年度
(2)平成 28 年度
(3)平成 29 年度
(4)平成 30 年度
(5)平成 31 年度以降

【質問 5-3】質問 5-1 で(1) (2)を選択された方に、電子書籍サービス提供方法について、選択肢からご選択下さい（複数選択可）

(1)図書館内利用
(2)図書館が所有する電子書籍用の端末を貸し出して利用
(3)登録利用者が利用者の所有するパソコンで利用
(4)登録利用者が利用者の所有するタブレットで利用
(5)登録利用者が利用者の所有する電子書籍専用端末で利用
(6)登録利用者が利用者の所有するスマートフォンで利用
(7)その他

【質問 5-4】質問 5-3 で(7)の「その他」を選択した方についてご意見等ございましたら、記入できることがありましたらご記入ください

【質問 5-5】「電子書籍サービス」についての、問い合わせや要望について、選択肢からご選択下さい（複数選択可）

(1)自治体の長（市町村長、都道府県知事）及び自治体の内部からの問い合わせがある
(2)自治体の議員からの問い合わせがある
(3)住民からの問い合わせがある
(4)現在のところ問い合わせはない
(5)その他

【質問 5-6】質問 5-5 で(5)の「その他」を選択した方について、記入できることがありましたらご記入ください

2015年「公共図書館の電子図書館・電子書籍サービスのアンケート」

【質問 4-11】質問 4-10 で(4)の「その他」　を選択された場合について、記入できることがありましたらご記入ください

【質問 4-12】貴館の現在の図書館システム提供会社名をご記入ください

【質問 4-13】電子書籍サービスを導入して、感じる利点を以下ご選択ください（複数選択可）

（1）貸出返却管理の手間がかからない
（2）電子書籍独自の機能（文字拡大）などでコンテンツが提供できるようになった
（3）図書館の利用者（来館・登録者）が増加した
（4）電子で保存している資料の提供が簡単にできるようになった
（5）保存場所が必要ない
（6）その他

【質問 4-14】質問 4-13 で（6）の「その他」を選択した方に、で記入できることがありましたらご記入ください

【質問 4-15】「電子書籍コンテンツ（以下、コンテンツ）」について、懸念される事項がありましたら選択肢からご選択下さい（複数回答可）

(1)提供されているコンテンツが少ない
(2)新刊のコンテンツが提供されにくい
(3)コンテンツの規格がわかりにくい
(4)コンテンツの価格
(5)コンテンツ購入（提供）費用の会計処理の基準
(6)コンテンツを閲覧するビューアが自由に選べない
(7)その他

7

9

2015年「公共図書館の電子図書館・電子書籍サービスのアンケート」

【質問 4-16】電子書籍貸出サービス導入している場合において、電子書籍コンテンツの費用について会計処理はどのようになさっているか、選択肢からご選択下さい（複数選択可）

(1)電子書籍を図書館資料「備品」として扱う
(2)電子書籍を図書館資料「消耗品」として扱う
(3)電子書籍についてもデータベース（商用）と同等「使用料等役務費」に扱う
(4)サービス全体についてオンラインシステム「使用料賃貸料」に含める
(5)サービス全体について委託料として扱う
(6)その他

【質問 4-17】電子書籍貸出サービス・自館電子書籍等サービスを導入して、当初の導入目的に対しての感想をご記入ください

8

10

【3】電子書籍サービスについて、以下お尋ねします

※「電子書籍サービス」については、巻末の「図書館の電子書籍に関する用語の説明」をご参照下さい

【質問 3-1】電子書籍サービスを現在実施していますか

(1)実施している
(2)実施していない
(3)その他

質問 3-1 で(1)の「実施している」を選択された方は、質問 4 にお進みください（質問 5 は回答しなくて結構です。質問 6 以降はご回答おねがいします）
質問 3-1 で(2)の「実施していない」を選択された方は、質問 5 にお進みください（質問 4 は回答しなくて結構です。質問 6 以降はご回答おねがいします）

【4】電子書籍サービスを実施している方に、以下お尋ねします（質問 3-1 で(1)を選択）

【質問 4-1】提供している電子書籍サービスの種類を以下ご選択ください（複数選択可）

(1) 電子書籍貸出サービス（以下、「電子書籍貸出サービス」（※外部業者提供の電子書籍サービス））
(2) 貴図書館独自の電子書籍サービス・自館でデジタル化した資料提供サービス（以下「自館電子書籍等サービス」）
(3) その他

【質問 4-2】電子書籍サービス導入の目的についてご記入下さい

【質問 4-3】質問 4-1 で (1) (2) を選択された方に、現在の提供タイトル数（外部事業者から提供）、自館独自で提供している資料等のタイトル数をご記入ください

(1) 導入タイトル（事業者提供）　〔　　〕タイトル
(2) 自館独自提供タイトル　〔　　〕タイトル
(3) その他

【質問 4-4】質問 4-1 で (3) の「その他」を選択された方で、記入できることがありましたらご記入ください

2015年「公共図書館の電子図書館・電子書籍サービスのアンケート」

【質問 4-5】電子書籍貸出サービス・自館電子書籍等サービスを実施している図書館において、サービスを開始した　年月についてご記入ください

年　　月～

【質問 4-6】電子書籍貸出サービスを選択された図書館において提供会社名、サービス名をご記入ください

【質問 4-7】電子書籍貸出サービス・自館電子書籍等サービスにおいて、直近（集計が解る月で結構です）の利用登録者数をご記入ください（わからない場合は未解答で結構です）

[　　　　]人　（　　年　　月）

【質問 4-8】電子書籍貸出サービス・自館電子書籍等サービスで、直近一ヶ月の「電子書籍サービスの実際の利用者数」（わかる範囲で結構です）をご記入ください（わからない場合は未解答で結構です）

[　　　　]人　（　　年　　月）

【質問 4-9】電子書籍貸出サービスで、直近の（集計が解る月で結構です）電子書籍の貸出タイトル数（月間）をご記入ください（わからない場合は未解答で結構です）

[　　　　]タイトル　（　　年　　月）

【質問 4-10】電子書籍貸出サービスを実施している図書館において、電子書籍貸出サービスを利用できる方の資格について、選択肢からご選択下さい（複数選択可）

(1)自治内に住所を持つ住民
(2)自治体住民以外の自治体通勤・通学者も登録可能
(3)原則申込み者全て登録可能
(4)その他

【1-8】図書館所在の自治体区分についてご選択下さい（一つ選択）
(1)都道府県立図書館
(2)政令市立図書館
(3)特別区（東京都）立図書館
(4)市町村立図書館

【1-9】アンケート集計資料の送付方法についてご選択下さい（一つ選択）
※ご回答下さった図書館には回答者様宛にアンケートの集計結果をお送りいたします。

(1)メールによる送付を希望(メールアドレス必須)
(2)郵送による送付を希望
(3)送付不要

【２】図書館の新設、図書館システムの更新等について

以下の質問 2-1～2-6 につきましては、お答えいただけるところがありましたらお願いします
※ご回答なしでも結構です

【質問 2-1】図書館の新設予定がありましたら、選択肢からご選択下さい
(1)中央館の新設（改築更新）予定あり
(2)分館の新設予定あり
(3)特に新設予定なし
(4)その他

【質問 2-2】図書館のリニューアルの予定がありましたら、選択肢からご選択下さい
(1)中央館のリニューアルの予定あり
(2)分館のリニューアルの予定あり
(3)特にリニューアルの予定なし
(4)その他

【質問 2-3】質問 2-1、2-2 の質問で図書館新設・リニューアル計画がある場合、いつごろオープンする予定か、選択肢からご選択下さい
(1)平成 27 年度
(2)平成 28 年度
(3)平成 29 年度
(4)平成 30 年度
(5)平成 31 年度以降

【質問 2-4】現在の図書館システムを更新した時期について、選択肢からご選択下さい
(1)平成 26 年度
(2)平成 25 年度
(3)平成 24 年度
(4)平成 23 年度
(5)平成 22 年度
(6)平成 21 年度以前

【質問 2-5】図書館システムの更新予定について、選択肢からご選択下さい
(1)平成 27 年度
(2)平成 28 年度
(3)平成 29 年度
(4)平成 30 年度
(5)平成 31 年度以降
(6)未定、その他

【質問 2-6】上記 2-1～2-5 の質問についてご意見等ありましたら、ご記入下さい

2015 年「公共図書館の電子図書館･電子書籍サービスのアンケート」2015 年 4 月 3 日版

■ 目次■

【1】　ご回答図書館のプロフィール等記載 （質問【1-1】～【1-9】）

【2】　図書館の新設、図書館システムの更新等について（質問【2-1】～【2-6】）

【3】　電子書籍サービスについて（質問【3-1】）

【4】　電子書籍サービスを実施している方に、以下お尋ねします（質問 3-1 で(1)を選択）（【4-1】～【4-17】）

※ 【4】は、電子書籍サービスを実施している図書館のみ回答（3-1 で（1）を選択した図書館）

【5】　電子書籍サービスを実施していない方に、以下お尋ねします（質問 3-1 で(2)を選択）（【5-1】～【5-6】）

※ 【5】は、電子書籍サービスを実施していない図書館の回答（3-1 で（2）を選択した図書館）

【6】　貴館における「デジタルアーカイブ」について（質問【6-1】～【6-8】）

【7】　国立国会図書館が平成 26 年 1 月から開始した「デジタル化資料送信サービス」に対する対応について（質問【7-1】～【7-4】）

【8】　電子図書館サービス･電子書籍サービスで導入･検討しているサービスについて（質問【8-1】～【8-2】）

【9】　電子書籍サービスの提供の対象となる人について（質問【9-1】～【9-2】）

【10】　貴館で電子書籍提供で望まれる分野について（質問【10-1】～【10-3】）

【11】　貴館で電子書籍サービスにおいて、期待している機能等について、お尋ねします（質問【11-1】～【11-2】）

【12】　電子書籍貸出サービスで懸念されている事項について（質問【12-1】～【12-3】）

【13】　貴館における、地域小中高等学校の図書館（図書室）への支援について（質問【13-1】～【13-2】）

【14】　その他ご意見等

1

3

■アンケート■

【１】ご回答図書館のプロフィール記載

ご回答館（者）についてご記入下さい
※1-1 は記入必須となります。

【1-1】貴図書館名

【1-2】図書館数（中央館と分館の数）

【1-3】ご担当者お名前

【1-4】ご連絡先メールアドレス（半角英数字でご入力下さい）

【1-5】部署・役職

【1-6】電話番号

【1-7】FAX 番号

※個人情報の取り扱いについて
ご記入いただいた個人情報は、アンケート結果の発表会及び図書館における電子書籍サービスのセミナーのご案内で使用する以外は利用いたしません。
また、個人情報についての、訂正、変更、削除等のお問い合わせは、電流協事務局にご連絡下さい。

※このアンケートの用語の説明について
このアンケートで使われる用語については、このアンケート資料の表紙の裏に「図書館の電子書籍に関する用語の説明」を記載していますのでご参照下さい。用語の説明については引き続き更新し、電流協ホームページで参照できるようにいたします。

2

4

アンケート配布用紙

平成27年4月3日

一般社団法人　電子出版制作・流通協議会（主催）

公益社団法人　日本図書館協会（協力）

公共図書館の
電子図書館・電子書籍
サービス等のアンケート

1

「図書館の電子書籍に関する用語の説明」

2015 年 4 月公共図書館の電子図書館サービス・電子書籍貸出サービス等のアンケートの用語の説明

以下の用語の説明は、今回のアンケートの回答をいただくための用語解説となります。

【電子図書館サービス】

公共図書館が提供するサービスとして、デジタルアーカイブの提供や電子書籍や映像資料・音声資料など電子コンテンツの提供、インターネット利用の提供、またデータベースを使った文献検索などのサービスの総称。

【電子書籍サービス】

「電子書籍」を提供する電子図書館サービスの一つ。
外部事業者提供の電子書籍サービスと自館電子書籍サービスがある。本アンケートでは外部事業者提供の電子書籍サービスを「電子書籍貸出サービス」という。

【電子書籍コンテンツ】

（アンケート中は単に「コンテンツ」と略すことがあります）

電子書籍サービスとしてパソコンやタブレット・スマートフォン、携帯電話などに提供される電子版の書籍コンテンツ。

電子的提供ができるように、著作権者との権利処理を行い、電子的にデータベース検索ができるように書誌情報などを総合的に提供されます。

【電子書籍端末】

電子書籍を閲覧できる（読むことができる）電子機器。電子書籍端末は、専用機（Amazon Kindle や Kobo など）と、汎用機（iPad などタブレット、Android や iPhone などスマートフォン、PC など）に区分されます。

【デジタルアーカイブ】

図書館が所有する独自の資料、冊子、書物をデジタル化して保存、提供すること。

【国立国会図書館「デジタル化資料送信サービス」】

国立国会図書館がデジタル化した資料のうち、入手困難な資料を図書館等に送信することができるようになったことにより開始された、図書館向けデジタル化資料送信サービスのことを言います。

国立国会図書館の承認を受けた図書館等においては、送信を受けた資料の閲覧・複写サービスが実施されています。

詳細は以下のページに記載があります。
http://www.ndl.go.jp/jp/library/service_digi/

2

参考文献

【書籍】

◎日本盲人社会福祉施設協議会情報サービス部会編『障害者の読書と電子書籍：見えない、見えにくい人の「読む権利」を求めて』小学館、2015
◎中西秀彦『電子書籍は本の夢を見るか：本の未来と印刷の行方』印刷学会出版部、2015
◎村瀬拓男『電子書籍・出版の契約実務と著作権（第2版）』民事法研究会、2015
◎湯浅俊彦編著『電子出版と電子図書館の最前線を創り出す：立命館大学文学部湯浅ゼミの挑戦』出版メディアパル、2015
◎日本図書館情報学会研究委員会編『電子書籍と電子ジャーナル（わかる！図書館情報学シリーズ第1巻）』勉誠出版、2014
◎植村八潮・野口武悟編著；電子出版制作・流通協議会著『電子図書館・電子書籍貸出サービス：調査報告2014』ポット出版、2014
◎植村八潮編著；電子出版制作・流通協議会著『電子書籍制作・流通の基礎テキスト：出版社・制作会社スタッフが知っておきたいこと』ポット出版、2014
◎湯浅俊彦編著『デジタル環境下における出版ビジネスと図書館』出版メディアパル、2014
◎堀越洋一郎『電子書籍の特性と図書館（多摩デポブックレット9）』けやき出版、2013
◎電子出版制作･流通協議会『「電子書籍に関する公立図書館での検討状況のアンケート」実施報告書：公立図書館電子書籍サービスをめぐる、今後の期待と課題を分析』インプレスR&D、2013
◎山崎博樹・李士永・山崎榮三郎『図書館と電子書籍：ハイブリッド図書館へ』教育出版センター、2012
◎柴野京子『書物の環境論（現代社会学ライブラリー4）』弘文堂、2012
◎本の学校編『書店の未来を創造する（本の学校･出版産業シンポジウム2011記録集）』出版メディアパル、2012
◎植村八潮『電子出版の構図：実体のない書物の行方』印刷学会出版部、2010
◎長尾真『電子図書館（新装版）』岩波書店、2010
◎大串夏身『最新の技術と図書館サービス』青弓社、2007
◎国立国会図書館総務部企画課編『デジタル時代における図書館の変革：課題と展望』国立国会図書館、2006
◎根岸正光ほか『電子図書館と電子ジャーナル：学術コミュニケーションはどう変わるか（情報学シリーズ8）』丸善、2004
◎日本図書館情報学会研究委員会編『電子図書館：デジタル情報の流通と図書館の未来（シリーズ・図書館情報学のフロンティア1）』勉誠出版、2001
◎原田勝・田屋裕之編『電子図書館』勁草書房、1999
◎田畑孝一『ディジタル図書館』勉誠出版、1999
◎合庭惇『デジタル知識社会の構図：電子出版・電子図書館・情報社会』産業図書、1999
◎宮井均・市山俊治『電子図書館が見えてきた』NECクリエイティブ、1999
◎谷口敏夫『電子図書館の諸相』白地社、1998
◎ウィリアムF.バーゾール著；根本彰ほか訳『電子図書館の神話』勁草書房、1996
◎根岸正光・猪瀬博編『図書館システムの将来像：密結合型図書館ネットワークと電子図書館』紀伊國屋書店、1991
◎田屋裕之『電子メディアと図書館』勁草書房、1989
◎ジル・ランバート『電子時代の学術雑誌』日本図書館協会、1989

【逐次刊行物】

◎『ず・ぼん　18：電子化への見取り図』ポット出版、2013
◎『ず・ぼん　17：図書館電子化への課題』ポット出版、2011
◎『ず・ぼん　16：図書館と電子書籍』ポット出版、2011

【雑誌論文・学会発表】

◎佐藤翔「マンハッタン計画と「電子図書館の神話」: 学術情報流通の近現代史」『博物館学芸員課程年報（追手門学院大学）』29、2015、p.7-18

◎田中雅章「電子図書館実現のための電子書籍の未来」『パーソナルコンピュータ利用技術学会論文誌』9(1・2)、2015、p.16-19

◎松原洋子「アクセシブルな電子図書館と読書困難な学生の支援：日本における大学図書館サービスの課題と展望」『立命館人間科学研究』31、2015、p.65-73

◎伊藤倫子「電子書籍貸出サービスの現状と課題　米国公共図書館の経験から」『情報管理』58(1)、2015、p.28-39

◎宍倉航大「電子書籍市場プラットフォームの特質と変容」『国学院大学大学院経済論集』43、2015、p.1-36

◎鈴木香織「電子書籍市場と電子書籍に対応した出版権にかかる著作権法改正」『日本大学知財ジャーナル』8、2015、p.79-89

◎植村八潮・深見拓史・野口武悟「電子書籍・オーディオブックのアクセシビリティに関する海外の動向：ドイツ実地調査の結果を中心に」『専修人文論集』96、2015、p.165-181

◎大熊高明「書籍販売市場の動向と図書館向け電子書籍サービス」『図書館雑誌』109（2）、2015、p.87-89

◎野口武悟・植村八潮「公共図書館における電子書籍サービスの現状と課題」『日本印刷学会誌』52(1)、2015、p.25-33

◎野口武悟「「合理的配慮」の基盤としての情報のアクセシビリティ　障害のある人にもない人にも情報を届けるために」『情報管理』58（4）、2015、p.259-270

◎野口武悟・中和正彦・成松一郎・植村八潮「電子書籍のアクセシビリティに関する実証的研究（Ⅱ）：携帯型汎用端末による視覚障害者の自立的な読書の検討を中心に」『人文科学年報』45、2015、p.187-199

◎磯部ゆき江・三輪眞木子「公共図書館への電子書籍サービス導入：公共図書館と出版社の視点」『日本図書館情報学会誌』60(4)、2014、p.148-164

◎間柴泰治「電子書籍を活用した図書館サービスに係る法的論点の整理」『カレントアウェアネス』319、2014、p.14-16

◎家禰淳一「公共図書館の電子書籍提供サービスにおける評価と今後の展望についての考察」『図書館学』104、2014、p.51-58

◎植村八潮・野口武悟・成松一郎・松井進「電子書籍サービスシステムの現状と課題」『第13回情報メディア学会研究大会発表資料』、2014、p.15-18

◎野口武悟・植村八潮・成松一郎・松井進「電子書籍のアクセシビリティに関する実証的研究（Ⅰ）：音声読み上げ機能の検討を中心に」『人文科学年報』44、2014、p.197-216

◎星雅丈・芦田信之「サイバー図書館とデジタルアーカイブ」『成美大学紀要』4（1）、2013、p.21-35

◎植村八潮「電子書籍の市場動向と図書館」『現代の図書館』51（4）、2013、p.197-202

◎長澤公洋「学術情報流通の現状と課題」『情報の科学と技術』63（11）、2013、p.443-451

◎野口武悟「学校図書館は電子書籍とどう向き合うべきか」『子どもと読書』402、2013、p.6-10

◎植村八潮「電子書籍がもたらす出版・図書館・著作権の変化：現状分析と今後のあり方の検討」『情報管理』56（7）、2013、p.403-413

◎植村八潮「電子書籍流通基盤の現状と図書館ビジネスの展望」『大学図書館問題研究会誌』36、2013、p.23-35

◎濱田麻邑「次世代 DAISY 規格と電子書籍規格 EPUB3」『カレントアウェアネス』316、2013、p.15-18

◎湯浅俊彦「日本における電子出版ビジネスと電子図書館をめぐる政策動向」『情報処理』53（12）、2012、p.1260-1263

◎植村八潮「電子図書館サービスと公共図書館の行方」『印刷雑誌』95（1）、2012、p.68

【ウェブサイト】

◎「電子書籍情報まとめノート」（http://www7b.biglobe.ne.jp/~yama88/index.html）

電流協とは

名称　一般社団法人　電子出版制作・流通協議会

発起人　凸版印刷株式会社、大日本印刷株式会社、株式会社電通

発足　2010年7月　　一般社団法人登録　2010年9月3日

設立目的　日本の電子出版産業の成長と健全な発展のための環境の実現を目指し、電子出版産業の発展のため課題の整理と検証、配信インフラ基盤 に関わる問題解決、市場形成における検証や電子出版振興に関わる提言等、出版社や出版関連団体、権利者及び行政との密接な連携により、電子出版の発展に貢献できる活動をいたしたいと思います。

協会の活動

1. 電子出版制作・流通ビジネスに関連する情報共有
2. 制作・規格・仕様・流通に関する協議
3. 電子出版産業の発展と普及にかかわる活動
4. 電子出版制作・流通ビジネス日本モデルの検討及び協議
5. 商業・公共・教育・図書館等電子出版関連分野に関する情報共有

入会　電子出版制作・流通協議会への入会をご希望の方は、ホームページよりお申し込みいただくか、電子出版制作・流通協議会　事務局宛てにご連絡下さい。

住所・連絡先　101-0051　東京都千代田区神田神保町2-2-31 第36荒井ビル8F
TEL:　03-6380-8207　　FAX:　03-6380-8217

URL:　http://aebs.or.jp

会員企業一覧　2015年9月30日現在

■幹事会員（3社）
大日本印刷 株式会社／凸版印刷 株式会社／株式会社 電通

■一般会員（26社）
【あ】……株式会社 暁印刷／アライド・ブレインズ 株式会社／株式会社 インプレスホールディングス／NEC ネクサソリューションズ 株式会社／株式会社 エムティーアイ
【か】……キヤノン 株式会社／株式会社 教育出版センター／共同印刷 株式会社／株式会社 光和コンピューター
【さ】……シャープ 株式会社／株式会社 出版デジタル機構／有限会社 想隆社
【た】……株式会社 工企画／株式会社 千代田プリントメディア／株式会社 トゥ・ディファクト／図書印刷 株式会社／豊国印刷 株式会社
【な】……日本ヒューレット・パッカード 株式会社／日本ユニシス 株式会社

【は】……富士通 株式会社／株式会社 ブックウォーカー／株式会社 BookLive ／方正 株式会社
【ま】……丸善 CHI ホールディングス 株式会社／株式会社 モバイルブック・ジェーピー
【や・ら・わ】……楽天 株式会社

■賛助会員（30 社）
【あ】……アクセルマーク 株式会社／株式会社 朝日新聞社／株式会社 アムタス／株式会社 インターネットイニシアティブ／ O2O Book Biz 株式会社
【か】……京セラ丸善システムインテグレーション 株式会社／株式会社 共同通信社／錦明印刷 株式会社／株式会社 クリーク・アンド・リバー社／慶昌堂印刷 株式会社／株式会社 光邦
【さ】……三晃印刷 株式会社／株式会社 昭和ブライト／ソニーマーケティング 株式会社／株式会社 ソリトンシステムズ
【た】……株式会社 第三文明社／株式会社 チューエツ／デジタルタグボート 株式会社／電書ラボ
【な】……日本 ECO 株式会社／社団法人 日本印刷産業連合会／日本紙パルプ商事 株式会社／社団法人 日本出版取次協会
【は】……株式会社 美松堂／富士ゼロックス 株式会社／株式会社 ブックスキャン／株式会社 文昌堂／堀 鉄彦（出版・著作権等管理販売研究会／出版ジャーナリスト）
【ま】……メディアエムジー 株式会社
【や、ら、わ】……ヤフー 株式会社

■特別会員（7 名）
岩本　敏（元小学館）／植村八潮（専修大学）／岸　博幸（慶應義塾大学大学院）／佐々木隆一（一般社団法人著作権情報集中処理機構）／高野明彦（国立情報学研究所）／松原　聡（東洋大学）／横山眞司（公益社団法人著作権情報センター）

著者プロフィール

吉井順一《よしいじゅんいち》

1956年生まれ。IDPF理事、豊国印刷（株）顧問。上智大学経済学部経営学科卒業後、講談社入社。第一編集局、デジタル事業局長などを経て、現在は社長室付局長。（株）ボイジャー取締役、（株）モバイルブック・ジェーピー取締役、（株）日本電子図書館サービス取締役なども現任する。

村瀬拓男《むらせたくお》

1962年生まれ。弁護士。
東京大学工学部卒業後、新潮社入社。『週刊新潮』の編集を経て、映像関連、電子メディア関連などに携わる。退社後、06年より弁護士として独立。“著作権関連問題やITに精通した弁護士”として、出版社、映像制作会社、IT企業、一般企業の法律顧問、新聞・雑誌・オンラインマガジンへの寄稿や講演会などを行っている。
著書に『電子書籍・出版の契約実務と著作権　第2版』（民事法研究会、2013）、『電子書籍の真実』（マイナビ出版、2010）など。

山口貴《やまぐちたかし》

1958年生まれ。（株）日本電子図書館サービス代表取締役。
1988年（株）角川メディア・オフィス入社、1992年（株）メディアワークス（現（株）アスキー・メディアワークス）入社、同社常務取締役、（株）角川グループホールディングス（現（株）KADOKWA）取締役を経て、2013年より現職。

野口武悟《のぐちたけのり》

1978年生まれ。専修大学文学部教授・放送大学客員教授、博士（図書館情報学）。
主に、図書館（特に公共図書館と学校図書館）サービスのあり方、情報のアクセシビリティなどを研究している。
著書に『多様性と出会う学校図書館：一人ひとりの自立を支える合理的配慮へのアプローチ』（共編著、読書工房、2015）、『電子図書館・電子書籍貸出サービス：調査報告2014』（共編著、ポット出版、2014）、『新訂　学校経営と学校図書館』（共編著、放送大学教育振興会、2013）など。

植村八潮《うえむらやしお》

1956年生まれ。専修大学文学部教授、博士（コミュニケーション学）。
東京電機大学工学部卒業後、同大出版局に入局。出版局長を経て、2012年4月より専修大学教授。同時に（株）出版デジタル機構代表取締役に就任。同年取締役会長に就任し、2014年退任。
著書に『アーカイブ立国宣言』（共著、ポット出版、2014）、『電子図書館・電子書籍貸出サービス：調査報告2014』（共編著、ポット出版、2014）、『電子書籍制作・流通の基礎テキスト：出版社・制作会社スタッフが知っておきたいこと』（編著、ポット出版、2014）、『電子出版の構図 ――実体のない書物の行方』（印刷学会出版部、2010年）など。

編者
植村八潮（専修大学、電流協技術委員会 委員長）
野口武悟（専修大学）

電流協電子図書館部会（部会長 山崎榮三郎）

電流協 事務局
川崎誠一　事務局長
曽我忠　副事務局長
斉藤二三夫　事務局
増田典雄　事務局
鈴木直人　事務局

書名 ―――――― 電子図書館・電子書籍貸出サービス 調査報告2015
編 ――――――― 植村八潮・野口武悟・電子出版制作・流通協議会
著 ――――――― 吉井順一・村瀬拓男・山口貴・植村八潮・野口武悟
編集―――――― 沢辺均・那須ゆかり
デザイン ――― 山田信也
発行 ―――――― 2015年11月18日［第一版第一刷］
希望小売価格 ―― 1,700円＋税
発行所 ――――― ポット出版
150-0001 東京都渋谷区神宮前2-33-18 #303
電話　03-3478-1774　ファックス　03-3402-5558
ウェブサイト　http://www.pot.co.jp/
電子メールアドレス　books@pot.co.jp
郵便振替口座　00110-7-21168　ポット出版
印刷・製本 ――― シナノ印刷株式会社
ISBN978-4-7808-0223-8　C0000

Digital Library・Digital Book Rental Service
: Research Report 2015

by UEMURA Yashio, NOGUCHI Takenori &
Association for E-publishing Business Solution

Editor: SAWABE Kin, NASU Yukari
Designer: YAMADA Shinya
First published in
Tokyo Japan, Nov. 18, 2015
by Pot Publishing

#303 2-33-18 Jingumae Shibuya-ku
Tokyo, 150-0001 JAPAN
E-Mail: books@pot.co.jp
http://www.pot.co.jp/
Postal transfer: 00110-7-21168
ISBN978-4-7808-0223-8　C0000

【書誌情報】
書籍DB●刊行情報
1 データ区分――1
2 ISBN――978-4-7808-0223-8
3 分類コード――0000
4 書名――電子図書館・電子書籍貸出サービス調査報告2015
5 書名ヨミ――デンシトショカンデンシショセキカシダシサービスチョウサホウコク2015
13 著者名1――植村八潮
14 種類1――編
15 著者名1読み――ウエムラ　ヤシオ
16 著者名2――野口武悟
17 種類2――編
18 著者名2読み――ノグチ　タケノリ
19 著者名3――電子出版制作・流通協議会
20 種類3――編
21 著者名3読み――デンシシュッパンセイサクリュウツウキョウギカイ
22 出版年月――201511
23 書店発売日――20151118
24 判型――B5
25 ページ数――136
27 本体価格――1700
33 出版者――ポット出版
39 取引コード――3795

本文●bセブンバルキー　四六判・Y・69kg（0.130）／スミ（マットインク）
表紙●エコ間伐紙・四六判・T・160kg／スリーエイトブラック
帯●ユーライト・菊判・T・76.5kg／スリーエイトブラック＋TOYO 10384
使用書体●本明朝小がなBook+Centennial LT Std
ゴシックMB101　Futura LT Pro
2015-0101-2.0

ポット出版の既刊本

電子図書館・電子書籍貸出サービス 調査報告 2014

電子書籍も発売中

編著／植村八潮、野口武悟　著／電子出版制作・流通協議会
希望小売価格：2,600 円 + 税
ISBN978-4-7808-0214-6 C0000　B5 判 / 224 ページ / 並製［2014 年 11 月刊行］

「公共図書館の電子図書館・電子書籍貸出サービス」調査 2014 年版。
全国の公共図書館で、電子図書館、電子書籍貸出サービスの状況はどうなっているのだろう。
2014 年 2 月～ 4 月にかけて、公共図書館 1,352 館を対象にアンケートを実施。743 館の回答から、公共図書館の電子図書館・電子書籍貸出サービスの現状を考察した。
電子書籍貸出サービスについては、アクセシビリティへの期待は高いが、依然 72％の館が導入する予定がない——。
人材がいない、予算がない、などといった結果が、アンケート結果から浮き彫りになった。
また、電子図書館サービスのシステムを提供する複数の事業者のレポート、国立国会図書館、慶應義塾大学、札幌市立図書館など積極的にサービスに取り組んでいる機関のレポートなどを含め、図書館における電子書籍貸出サービスについて現状と課題、将来展望を取り上げた。

［目次］

アーカイブ立国宣言

日本の文化資源を活かすために必要なこと

編／「アーカイブ立国宣言」編集委員会
監修／福井健策、吉見俊哉
著／青柳正規、御厨 貴、森川嘉一郎、細井浩一、長坂俊成、石橋映里、岡島尚志、宮本聖二、森 まゆみ、花井裕一郎、淺野隆夫、植野淳子、藤本 草、植村八潮 、松永しのぶ、中川隆太郎、眞籠 聖
希望小売価格：2,300 円 + 税　ISBN978-4-7808-0213-9 C0000
四六判 / 272 ページ / 並製［2014 年 11 月刊行］

電子書籍も発売中

日本のデジタルアーカイブはどこを目指すべきか？
ナショナルアーカイブ設立へ向けた 4 つの提言と、青柳正規・御厨貴・吉見俊哉による鼎談や、日本のアーカイブの現状報告、世界のデジタルアーカイブの実践例、デジタルアーカイブ振興法制定の意義と今後の方向性などを収録。

電子書籍制作・流通の基礎テキスト

出版社・制作会社スタッフが知っておきたいこと

編著／植村八潮　著／電子出版制作・流通協議会
希望小売価格：2,000 円 + 税　ISBN978-4-7808-0206-1 C0000
A5 判 / 192 ページ / 並製［2014 年 05 月刊行］

電子書籍も発売中

電子書籍を制作する上での、基礎基本のテキスト。
電子書籍の中身から、配信・流通の注意点、今後の課題まで、
電子書籍を作る上で知っておかなければならないことを、わかりやすく解説。
便利な用語注釈付き。
今まで電子書籍に携わっていた出版社・制作会社のスタッフ、
そしてこれから電子書籍に携わろうとしている人にも、必読の一冊。

千代田図書館とは何か

新しい公共空間の形成

著／柳 与志夫
定価：2,200 円 + 税　ISBN978-4-7808-0142-2 C0000
四六判 / 200 ページ / 上製［2010 年 03 月刊行］

電子書籍も発売中

12 月 31 日まで開館してみた。でも結果は……？
平日夜 10 時まで開館、古書店との連携、新書マップ、コンシェルジュ——。
国会図書館から出向し、3 社の指定管理者の共同事業体による改革を主導した元館長が目指した、トライ＆エラーの記録。
2007 年、「これまでにない図書館」としてリニューアルし、Library of the Year 2008 大賞、「日本で一番売れるサービス 50」（『週刊東洋経済』2007 年 8 月 11 ／ 18 合併号）に選ばれた千代田図書館。
図書館だから果たすことができる、文化・情報政策の中の役割とは何か。